U0930984

浙江省重点学科西方经济学
资助项目

法律经济学博士文丛

史晋川 主编

软件知识产权保护制度研究

THE RESEARCH
ON INTELLECTUAL PROPERTY RIGHTS PROTECTION
OF SOFTWARE

董雪兵 著

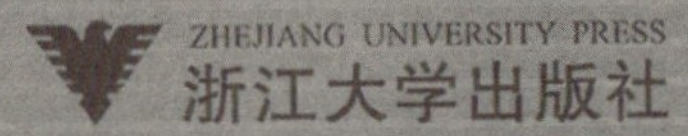

总 序

《法律经济学博士文丛》是由浙江大学经济学院政治经济学和西方经济学专业法律经济学研究方向博士研究生的博士学位论文集成的一套学术丛书。

法律经济学(或“法和经济学”)是一门法学与经济学的交叉学科,自20世纪50年代以来,在科斯、阿尔钦、卡拉布雷西和波斯纳等人的倡导下,在西方学术界兴起和蓬勃发展。尽管法律经济学自诞生以来就从来不是一场统一的学术运动,但是,大多数学者对于法律经济学的学科定位不外乎以下两个方面:一是强调法律经济学的研究重心是剖析法律对社会经济活动的影响;二是强调法律经济学的研究重心是用经济学的理论和分析工具研究法律问题。

中国大陆的法律经济学引进与研究,可以说是1978年改革开放以后的事情。在法学界,北京大学、中国人民大学、吉林大学、复旦大学和西南政法大学的法学院都活跃着一批法律经济学的研究者,其中北京大学法学院的朱苏力教授在介绍和引进法律经济学理论,尤其是大力翻译介绍波斯纳教授的法律经济学文献方面,做出了很大的努力和贡献。在经济学界,中国社会科学院的张曙光教授、盛洪教授和复旦大学的张军教授、山东大学的黄少安教授,在推动法律经济学的研究过程中,也做出了显著的成绩,法律经济学在国内经过20多年的发展,已经成为一门受到法学界和经济学界愈来愈多关注的学科。

浙江大学经济学院的学者对法律经济学的关注始于20世纪90年代初期,至今也不过十余年,浙江大学经济学院开设博士研究生的法律经济学相关课程及招收法律经济学研究方向的博士研究生,距今也只不过七至八年的时间。但是,可以欣喜地看到,浙江大学经济学院的从事法律经济学研究的师生经过数年勤奋努力的研究,已经在《经济研究》、《中国社会科学季刊》、《中国社会科学评论》、《经济学季刊》和《管理世界》等学术期刊上发表了数十篇高水平的学术论文,同时初步形成了一支年青的和充满学术活力的法律经济学研究团队,跻身于国内法律经济学研究领域的前列。

毋庸讳言，中国大陆的法律经济学研究不仅与国际学术界的研究前沿相比较，即使与中国台湾地区的学术研究水平相比较，都仍然存在着差距。法律经济学这门学科在中国大陆的发展，事实上至今仍存在两大问题：一是法律经济学研究的进一步本土化的问题，而且这一问题由于不同的法系——普通法与大陆法——的差异性，给研究者带来了更大的挑战；二是在法律经济学研究中经济学与法学家的学科"磨合"问题，而且这一问题由于中国大陆法学界与国际学术界接轨相对滞后于经济学界（请相信这绝对是一个善意的批评，且笔者认为这是基于客观事实的），显得更为突出。当然，尽管在研究中存在着诸多的困难与问题，我们仍旧对法律经济学在中国大陆的发展充满信心。浙江大学经济学院的法律经济学研究团队，希望在今后的研究中有更多的机会向国内外的同行学习和开展学术交流，为推动法律经济学的学科建设贡献一份浙大人微薄的力量。

史晋川

2006 年 5 月 7 日于杭州南都德加公寓

摘 要

本书以对软件知识产权保护历史实践与模式比较的讨论为起点，探讨了在软件产业中用经济学方法研究知识产权保护制度问题的可行性。在此基础之上，运用经济学模型讨论和比较了软件的各种知识产权保护制度，进而分述具体的软件的版权保护制度和专利保护制度。在软件的版权保护制度的经济学分析中，讨论了累积创新与版权保护的关系。在软件的专利保护制度的经济学分析中，讨论了专利期限政策与专利保护的关系。分别考虑在这些不同条件下的软件保护模型和适用的软件保护制度。之后，将软件保护问题置于国际层面上，考虑 TRIPS 协议下的软件保护问题。最后以中国的软件知识产权保护问题作为落脚点，对中国计算机软件保护政策提出一些构想。

第二章为软件知识产权保护的历史实践与模式比较，首先论述概念和法学特征，探讨软件知识产权保护的历史进程，并以美国、日本、欧盟和中国台湾地区为例，分别说明在软件知识产权保护方面的法律实践活动。此后，比较了版权、专利、特别立法以及商业秘密等制度之间的差异性和优劣势。

第三章主要旨在对软件知识产权保护制度的经济学理论文献进行评述。首先在归结软件的经济学特征的基础上，探讨了软件保护的两大原则：创新激励和信息披露。此后，围绕软件保护的主要原因即软件侵权问题，沿着理论和实证两条思路进行研究和评析，并从经济学的角度分别论述软件保护的各种具体形式。最后，基于以上文献的回顾与梳理，构建了理论模型，从创新数量、创新利润和社会福利三个角度着重对软件的专利和版权保护制度进行比较。

第四章对软件版权制度保护问题进行理论分析，此部分研究突破了原有的孤立创新框架，首创性地引入拍卖模型并放置在累积创新的框架之下。通过构建一个累积创新框架下的拍卖模型来探讨知识产权制度的社会福利效应，并比较了各种具体制度的效率以及在各种特殊产业中的应用保护问题。基于存在领先厂商情况下累积创新过程中的创新竞赛问题的分析，可以得到三种不同策略情形下的社会福利函数，并确定知识产权保护程度的适用范围。研究结论的应用扩展表明:以计算机软件、音乐、书籍和期刊等为主的行业,适用比较宽松的保护制度进行保护,如版权制度。

第五章对软件专利制度保护问题进行理论分析。沿着 Gilbert 和 Shapiro(1990)的分析方法,在社会福利贴现值模型的基础上,首次引入创新成功概率 $\mathcal{W}$ 和创新效率 h 两个变量来研究软件专利保护的最优期限问题。研究结论认为,在给定回报率条件下对于具有不同投资风险、不同创新成功率的行业,设定专利保护期限的效果可能不同;随着行业创新效率的增加,最优专利期限首先增加,在达到最大值后开始趋于减小,因此有必要根据具体的产业基本特征尤其是创新效率的高低,分别设定不同的专利期限,并给予不同的专利保护。最后基于城市截面数据,研究发现企业 R&D 经费支出和销售规模对企业专利申请数有显著的影响,而企业的利润水平对专利申请数的影响则不显著。

第六章主要是围绕着加强全球知识产权保护的 TRIPS 协议而展开。在介绍 TRIPS 协议的形成和有关条款、经济学意义的基础上,通过模型对 TRIPS 协议的效应进行比较分析。此后,将软件产业中的网络外部性特征融入原有模型中,并创造性地提出一种与 TRIPS 单边推行的保护机制相比能使全球社会福利最大化的双边协商保护机制,相应地得出发达国家和发展中国家的保护策略。

第七章是在详述中国计算机软件保护的立法演进过程、版权登记和相关软件专利申请的绩效分析的基础上,对中国计算机软件保护政策的基点和战略选择,提出了多法综合交叉保护的体系。

总之,本书通过对软件知识产权保护制度的深入研究,从法律经济学的角度对软件的版权保护、专利保护、国际保护等问题进行模型分析,加深了对软件的知识产权保护问题的理解,也对本国的软件知识产权立法提出了具有一定借鉴意义的构想。

关键词: 软件知识产权　版权制度　专利制度　TRIPS 协议

ABSTRACT

On the basis of the history, practice and model of software intellectual property rights, this dissertation explores the feasibility of studying IPR with economic method in software industry. Then we discuss and compare various IPR institutions of software with economic models. This part ulteriorly elucidates the concrete copyright institution and patent institution of software protection separately. In the analysis of copyright institution of software protection, this part discusses the relationship between cumulative innovation and copyright protection. In the analysis of patent institution of software protection, this part discusses the relationship between duration policy and patent protection. Respectively, we consider the models of software protection and suitable institution in the case of different conditions. Further more, this part probes into the problem of software protection problem in the TRIPS Agreement with the international angle of view. Finally, we put forward some ideas with software protection policy in China.

Chapter two is about the history, practice and model of software intellectual property rights. Firstly, this part describes the conceptions and juristic characteristics, and discusses the historic course of software IPRP. This part illustrates the legal practice activity of software IPRP with the cases of US, Japan, EU etc. Further more, this part compares the differences, advantages and disadvantages of various institutions including copyright, patent, sui generis and trade secret law.

The purpose of chapter three is lying on the review of economics theory literature on the software intellectual property rights institutions. First on the basis of generalizing the economic characteristics, this part studies the two principle of software protection: insentive of innovation and disclosure of information. And then it focuses on and studies the prime reason of software IPRP, that is software piracy, with the theoretical and positive ways. And this part continues with the study of concrete forms of software protection. Last on the basis of this reviewing above literature, this part conceives the theoretical model and compares the copyright protection and patent protection from the innovation volume, innovation profit and social welfare.

The fourth chapter is a theoretical analysis of software copyright protection. This part breaks through original framework of isolated innovation and introduces auction model in the framework of cumulative innovation. It probes into the welfare effect of intellectual property rights and compares the efficiency of various concrete institutions, also discusses the application in certain special industries by developing an auction model in the cumulative innovation. We study firms' innovation race in cumulative innovation with leader firm, and then obtain the social welfare function of three strategies and optimal intellectual property rights protection. Ultimately we draw the conclusion that industries such as computer software, music, book and journal are suitable for the broad institution—the copyright.

The fifth chapter is a theoretical analysis of software patent protection. Along with the analysis of Gilbert and Shapiro (1990), this book applies the model of discounted social welfare to study the optimal patent life of software with two new variables: probability of successful innovation $\eta\chi$ and innovation efficiency h. The conclusions show that on the condition of given rate of return, the effect of given patent life would be different for the different industry with different investment risk and probability of successful innovation. With the increase of innovation efficiency of the industry, the optimal patent life would increase to the maximum, then begin to decrease, therefore it is necessary to set the different patent life and give the different patent life and give the different patent protection according to the basic characteristic of the certain industry, that is the value of innovation efficiency. Finally, this part develops the positive model on the basis of the sectional data of cities, with the conclusion that R&D expenditures of firms and scales of sales have obvious effect on the volume of patent applied, while profits of firms have unobvious effect on the volume of patent applied.

The sixth chapter focuses on the TRIPS Agreement, which increases the IPRP of whole world. Based on the introduction of the formation, clauses and economics signification of TRIPS, it analyses the effect of TRIPS with model. Then thinking over the network externality in software industry, we set forth bilateral negotiation protection mechanism, which can optimize the global social welfare comparing with the TRIPS mechanism. Ultimately, this part gets the protection tactic of southern country and northern country.

Chapter seven describes the legal evolution, performance of copyright registered and patent applied. Based on this, we set forth an integrated and crossed protection system with various laws.

In a word, this dissertation explores the software IPRP institution and analyses the problems of copyright protection, patent protection and international protection from the angle of law and economics. This dissertation provides a further understanding of software IPRP and puts forward some referenced ideas for the software IPRP in China.

Keywords: intellectual property rights of software; copyright; patent; TRIPS Agreement

目录

1 导 论

本章首先以软件业的发展情况和知识产权的保护作为研究背景，引出对软件知识产权保护问题的关注，进而阐述研究软件知识产权保护制度的理论意义和现实意义，概括性地描述本书将要采用的研究方法，最后提炼出本书的基本框架和可能的创新。

1.1 研究选题

本节通过分述信息革命对软件产业带来的重要影响和知识产权保护问题的困境，引出软件知识产权保护问题研究的必要性，从而提出了本书的主要研究议题——软件知识产权的保护制度问题。之后从研究的理论意义和现实意义两个方面给予充分的阐释。

信息革命对各国和各地区的发展都起到重要的作用。各国政府也是充分认识到了这一点，纷纷采取有力的措施来推动本国信息技术产业的发展。但是相对于计算机和互联网的蓬勃发展，软件产业未能以应有的速度实现增长。究其原因，并不在于知识、技能的缺乏，也不是政府、行业支持的不足，关键在于盗版软件的泛滥。软件盗版问题已然成为软件业所面临的一个全球性问题，没有一个国家能够幸免。软件产业在信息产业和知识经济中的地位日益凸显，加之软件侵权现象在全球范围内的扩散和加剧，这都使得软件保护问题备受关注。

而知识产权保护的目的主要是在激励创新和创新信息的扩散之间寻找折中办法，即促进技术进步与技术推广之间的权衡问题。知识产权制度的效率就是从相互制衡的利益之间的平衡体现出来的。其中包括权利人的投入与收益的平衡，权利人利益与社会公众利益的平衡，发达国家与发展中国家及地区利益的平衡，技术创新与可持续发展的平衡，以及法律规范与道德伦理的平衡。随着经济和技术的发展以及社会关系的日益丰富，制衡效率的因素也逐渐增多。因此，从传统知识产权制度向现代知识产权制度的发展过程中,知识产权的保护问题极易陷入冲突和困境之中。

此外,软件知识产权保护的相关研究也在知识经济下呈现出时代特征。知识产权保护的历史告诉我们,虽然将专利、版权等法律作为制度被确认已有几个世纪之久,但是对于知识产权保护的政策和用以实施这些政策的立法、行政措施则一直处于变化之中。在不同的时间和社会特征下,为适应有关各方的具体要求和利益,知识保护制度必须不断变化。而且各种保护制度的形式变化都是在特定的历史环境中发生的,这些变化都会影响到具体的知识产权的成本和收益。即使一项新的知识产权制度可能是符合帕累托改进的,但要制定一个国际上统一的知识产权保护制度仍然会引起各种冲突和争议。软件产业在发展过程中面临着许多新的经济特征,如创新过程呈现出累积创新性、国别保护等问题,因此有必要在新情况下重新讨论软件产业的知识产权保护问题,以期解决知识产权保护制度的困境。

从法律经济学的视角来研究计算机软件知识产权保护制度问题,对于法学理论和经济学理论以及国际和国内的软件产业的发展实践都具有重要的意义。

理论意义主要体现在可以对一些传统的法学理论和经济学理论起到拓展的作用。首先,从法律经济学的视角审视软件知识产权的保护制度,将经济学的效率标准引入法学理论中的知识产权制度的分析和比较,从而可以扩展法学界对于软件知识产权的研究。计算机软件保护问题是过去 20 多年中各国知识产权法学界争论最多的焦点之一。目前,世界上多数国家已经基本形成了以版权法为主体的软件法律保护模式,但随着信息产业的快速发展,软件在信息社会中的地位与日俱增,版权保护的不足日益显现。因此,对软件提供何种制度的法律保护就成了亟待解决的问题。法学家们围绕着软件的“功能性”和“作品性”争论不休,相应的,对于软件究竟是适用版权保护还是专利保护的问题也没有定论。因此,本书从经济学的角度入手给予此问题一些新的理解和认识。其次,该问题的研究也有利于经济学原理本身的发展和延续。将累积创新与软件的知识产权保护相联系,得出在累积创新框架下,软件适合版权制度保护的结论;研究专利期限政策的有效性问题,分别引入创新成功概率和创新效率来研究软件专利保护的最优期限问题。

现实意义主要体现在对软件产业的发展起到重要的推动和促进作用。

软件业是高知识密集、高附加值、高效益的绿色产业；软件业作为信息产业的中枢，渗透到其他传统产业，带动其他产业的提升与优化；软件业是关系到一个国家的信息安全、经济安全、军事安全乃至国家安全的特殊产业；软件业是信息产业的龙头，是信息时代衡量一国综合国力的重要指标，所以各国都必须发展自己的软件产业。与美国和印度相比，我国的软件产业发展相对滞后。为了加速我国软件产业的发展，国务院在 2000 年出台了《鼓励软件产业和集成电路产业发展的若干行动纲要》，此后又于 2002 年出台了《振兴软件产业行动纲要》。如今，软件产业已经被明确定义为我国国民经济和社会发展的基础性和战略性产业。加速发展软件产业已经成为我国实施"以信息化带动工业化"战略的关键环节。而软件保护问题是决定软件产业能否得以顺利发展的重要因素。软件产业发展的动力来源于不断的创新，而软件创新带来的利益是软件业可持续发展的原动力，所以我们必须建立合理和有效的软件保护制度来激励软件企业持续的创新，这才是软件产业发展的根本保证。

1.2 研究方法

本书的选题定位于知识产权的法律经济学研究，拟采用的基本研究方法主要包括以下方面。

1. 博弈论和新产业组织理论

20 世纪 70 年代以后出现的新产业组织理论(NIO)，以分析企业策略性行为为主旨，与以往传统的产业组织理论有较大差别。新产业组织理论区别于传统产业组织理论的首要标志在于理论研究方法的统一。博弈论已经成为新产业组织理论研究的统一方法，其中非合作博弈理论及其分析方法又无疑居于统治地位。本书试图运用博弈论和新产业组织理论分析软件厂商在软件研发和软件更新等过程中所采取的策略性行为。在市场结构理论的基础上考虑厂商之间不同的策略性行为的相互影响，并建立各种特定的策略性行为模型，论述软件行业中的定价以及专利竞赛等问题。在累积创新框架下讨论软件的版权保护问题时，可以运用厂商的创新竞赛模型进行分析。

2. 法律经济学和新制度经济学理论

本书通过引入经济学的分析方法对软件产业的保护制度和立法问题进行研究，因此有必要理解法律的一般原则，并且在研究中必须注重经济学的分析方法与法理分析的相互渗透。法律经济学的研究方法和新制度经济学的基本概念对本书的分析产生重要的影响，并具有十分重要的借鉴意义。关于知识产权制度的法律经济学分析将有助于本书的深化和拓展。

3. 数理模型分析

本书将系统地分析相关理论和现实情况，抽象出新的经济变量，从而构建知识产权保护制度的理论模型。然后在不同的条件下对基本模型进行拓展，得到累积创新、专利期限和 TRIPS 协议等不同条件下的扩展模型，并用数理方法证明相关的命题、引理和结论。

4. 经济计量分析

本书拟采用经济计量分析的方法来检验理论模型和现实情况的拟合程度。基于城市的截面数据，对软件专利保护期限模型进行分析。通过数据分析，进一步揭示现实知识产权制度运行中的结构性问题，并据此提出政策建议。然后对我国知识产权的版权保护和专利保护的现状运用数据进行实证分析，并提出一定的立法构想。

5. 案例分析

本书将结合具体的案例进行研究，其中包括对特殊产业和特定国家的讨论，以期为理论模型找寻现实基础。同时通过实证观察进一步验证之前的理论推断是否正确。

1.3 研究框架

本书以对软件知识产权保护的历史实践与模式比较为起点，探讨了在软件产业中用经济学方法研究知识产权保护制度问题的可行性。在此基础之上，运用经济学模型讨论和比较了软件的各种知识产权保护制度。从厂商收益、消费者剩余和社会总福利这三个层次来比较软件版权制度保护和专利制度保护的优劣，进而分述具体的软件版权保护制度和软件专利保护制度。在软件的版权保护制度的经济学分析中，将讨论累积创新与版权保护的关系。在软件的专利保护制度的经济学分析中，将讨论专利期限政策与专利保护的关系。分别考虑在这些不同条件下的软件保护模型和适用的软件保护制度。此后，将软件保护问题置于国际层面上，考虑 TRIPS 协议下的软件保护问题，并以中国的软件知识产权保护问题作为落脚点，探讨其现状及对策。最后得出结论和启示，对将来的研究提出一些建议和想法。在总体结构上，每一章节都可独立成章，但相互之间又紧密联系，基本的分析思路和框架如图 1-1 所示。

本书具体章节安排如下：

第二章为软件知识产权保护的历史实践与模式比较。首先对论文主要涉及的重要概念从技术、法学、经济学的不同视角给予不同的定义，其中包括计算机软件基本的概念和知识产权基本概念。纵观历史，计算机软件的保护经历了商业秘密保护时期、版权保护时期到可专利性趋势加强时期这样三个阶段的发展过程。然后以美国、日本、欧盟和中国台湾地区为例来分别说明各自在软件知识产权保护方面的立法和判例实践活动。最后探讨和比较版权、专利、特别立法以及商业秘密等各种软件知识产权保护制度模式之间的差异性和优劣势。

第三章主要旨在对软件知识产权保护制度的经济学理论文献进行评述。首先，探讨了软件保护的原则是通过给予创新者一定的权利和补偿来激励创新，实现技术进步和经济增长的，但同时又应兼顾社会其他成员，鼓励创新信息和知识的披露和溢出，从而提高全社会的福利水平。其次，描述了软件产品寻求知识产权制度保护的根本原因是在于日益显著的全球软件侵权问题，并沿着理论和实证两条思路进行研究和评析。再次，从经济学的角度分别论述软件保护的各种具体形式，包括知识产权制度、一般的产权制度（如奖励、报酬与合同）以及开源软件的保护。最后，基于以上文献回顾与梳理，构建了理论模型，从创新数量、创新利润和社会福利三个角度着重对软件的专利和版权保护制度进行比较。

第四章对软件版权制度保护问题进行理论分析。首先从经济学的角度给予一般的分析，此后探讨累积创新与计算机软件版权保护的关系。通过构建一个累积创新框架下的拍卖模型来探讨知识产权制度的社会福利效应，比较各种具体制度的效率以及在各种特殊的产业中的应用保护问题。基于存在领先厂商情况下累积创新过程中的创新竞赛问题的分析，可以得到三种不同策略情形下的社会福利函数，并确定知识产权保护程度的适用

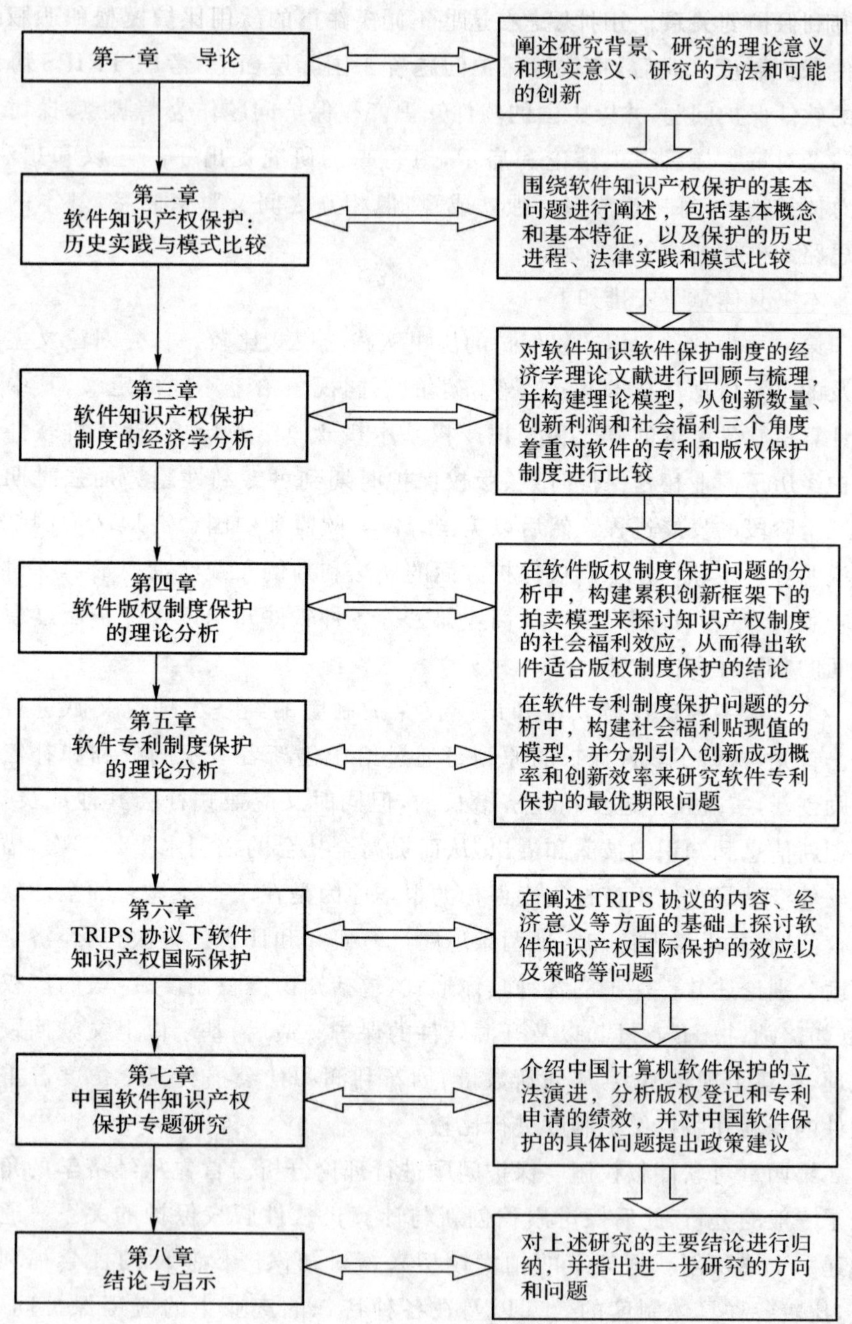
第一章 导论
阐述研究背景、研究的理论意义和现实意义、研究的方法和可能的创新
第二章
软件知识产权保护：
历史实践与模式比较
围绕软件知识产权保护的基本问题进行阐述，包括基本概念和基本特征，以及保护的历史进程、法律实践和模式比较
第三章
软件知识产权保护
制度的经济学分析
对软件知识软件保护制度的经济学理论文献进行回顾与梳理，并构建理论模型，从创新数量、创新利润和社会福利三个角度着重对软件的专利和版权保护制度进行比较
第四章
软件版权制度保护
的理论分析
在软件版权制度保护问题的分析中，构建累积创新框架下的拍卖模型来探讨知识产权制度的社会福利效应，从而得出软件适合版权制度保护的结论
第五章
软件专利制度保护
的理论分析
在软件专利制度保护问题的分析中，构建社会福利贴现值的模型，并分别引入创新成功概率和创新效率来研究软件专利保护的最优期限问题
第六章
TRIPS 协议下软件
知识产权国际保护
在阐述TRIPS协议的内容、经济意义等方面的基础上探讨软件知识产权国际保护的效应以及策略等问题
第七章
中国软件知识产权
保护专题研究
介绍中国计算机软件保护的立法演进，分析版权登记和专利申请的绩效，并对中国软件保护的具体问题提出政策建议
第八章
结论与启示
对上述研究的主要结论进行归纳，并指出进一步研究的方向和问题

图 1-1 本书的基本框架

范围。研究结论的应用扩展表明，计算机软件行业适用比较宽松的版权制度保护。

第五章对软件专利制度保护问题进行理论分析。首先是从激励创新和披露信息的角度解释软件专利制度保护的缘由以及对软件专利保护的限制问题，从而引申出对软件专利制度保护进行期限限制的问题。此后专门探讨专利期限与计算机软件专利保护的关系，运用社会福利贴现值的模型，并分别引入创新成功概率 $\eta\chi$ 和创新效率 h 来研究软件专利保护的最优期限问题。

第六章主要是围绕着加强全球知识产权保护的 TRIPS 协议而展开。介绍 TRIPS 协议的形成和有关软件保护的条款，并从宏观的视角分析 TRIPS 的基本经济意义以及学者们的相关研究。通过模型对 TRIPS 协议的效应进行比较分析，此后引入软件产业中的网络外部性特征，提出与 TRIPS 单边推行的保护机制相比能使全球社会福利最大化的双边协商保护机制。从模型中得出发达国家和发展中国家在全球 IPR 保护中处于不同的位置，因此在进行 IPR 保护的时候更多的是在不违反国际规则的前提下从本国经济利益出发，找寻到一条适合本国发展的道路。

第七章首先介绍了中国计算机软件保护的立法演进过程，分析了版权登记和相关软件专利申请的绩效，然后基于现状对中国计算机软件保护政策的基点和战略选择，提出一些构想。提出了在软件知识产权国际保护的前提下，以版权法保护为基础、以专门立法保护为主体、以专利法保护为核心形成基本的保护，同时以商标法、合同法和反不正当竞争法为辅助的保护，实行多法综合交叉保护的体系。

第八章为结论与启示，归纳出全文的主要研究结论，指出本书的理论价值和现实意义，并提出一些后续的相关研究工作中值得进一步深入探讨的问题。

1.4 可能的创新

本书在相关理论研究成果的基础上，始终贯穿努力创新的思想，力图在理论方面能够达到一些可能的理论创新。总的创新思路是从法律经济学的视角审视软件知识产权的保护制度，将经济学的效率标准引入法学理论中的知识产权制度的分析和比较，从而扩展法学界对于软件知识产权的研究。法学家们围绕着软件的“功能性”和“作品性”争论不休，相应的，对于软件是适用版权保护还是专利保护的问题也没有定论。因此，本书从经济学的角度入手给予此问题一些新的理解和认识，以期对法学理论中的知识产权理论有所发展，同时也有利于法律经济学中的知识产权经济学理论的发展和延续。具体而言，本书的创新体现在以下几个方面：

第一，在研究软件的版权制度保护问题上，将累积创新与软件的知识产权保护相联系。在继承国外经典理论的基础上，对经典理论模型作了边际意义上的改进和发展，同时还得到了一些创新的理论观点。此部分的研究突破了原有的孤立创新框架，首创性地引入拍卖模型并放置在累积创新的框架下，构建了一个累积创新框架下的拍卖模型来研究软件知识产权保护制度的福利效应，并且比较了各种具体制度的效率及其在特殊产业的应用保护问题。由此得出结论：在累积创新框架下，软件更适合版权制度保护。

第二，在研究软件的专利保护问题上，对传统的具有统一专利长度的专利制度效率提出了质疑。在已有的社会福利贴现值模型基础上，首次引入创新成功概率 $\eta\chi$ 和创新效率 h 两个变量来研究软件专利保护的最优期限问题，并分别得到了有意义的结论。在引入创新成功概率的基础上，构建企业研发投资模型，并得出结论：在给定回报率条件下，对于具有不同投资风险、不同创新成功率的行业，设定专利保护期限的效果可能不同。在引入创新效率 h 的基础上，构建最优保护期限模型并进行分析，得出结论：随着行业创新效率的增加，最优专利期限首先增加，在达到最大值之后开始趋于减小，因此有必要根据具体的产业或行业的基本特征，尤其是创新效率的高低，分别设定不同的专利期限并给予不同的专利保护。此外，基于城市截面数据，对包含不同解释变量的问题都作了回归分析。

第三，在比较研究软件的专利保护和版权保护问题上，突破了原有的一维视角的比较标准，分别从创新数量、创新利润和社会福利三个角度构建数理模型进行比较研究。并且得出了三个标准下的相应结论：一是，由于保护范围越宽、周期越长的制度越利于总创新数量的增加，从这个角度看版权制度较优于专利制度；二是，由于保护范围越宽、周期越长和创新者人数越少的制度越利于创新者提高其创新利润，所以专利法比版权法更能保护创新者的垄断利润；三是，由于保护范围越宽、保护时期越长、保护的创新者个数越多的法律制度，能够促进社会福利水平的提高，从此角度看版权制度的允许独立创新原则会使更多的消费者从中受益。

第四，通过对已有模型的边际扩展研究对 TRIPS 协议的效应进行比较分析，此后将软件产业中的网络外部性特征融入传统的经典模型中，并创造性地提出一种与 TRIPS 单边推行的保护机制相比能使全球社会福利最大化的双边协商保护机制。并且在此部分的模型分析中，提出了一个新的变量——软件知识产权综合保护维度。此变量不仅考虑了一般文献中经常论及的保护长度，还包括了保护宽度，以及新定义的保护高度。

第五，在对我国软件保护的实证研究基础上，创新性地提出我国发展知识经济和软件产业的最佳保护模式：在软件知识产权国际保护的前提下，以版权法保护为基础、以专门立法保护为主体、以专利法保护为核心形成基本的保护，同时以商标法、合同法和反不正当竞争法为辅助的保护，实行多法综合交叉保护的体系。

2 软件知识产权保护：历史实践与模式比较

本章主要阐述软件知识产权保护的基本问题，具体包括软件和知识产权的基本概念以及软件知识产权保护的历史进程、法律实践和具体模式的比较。同时从历史的角度和比较的角度，对软件的各类保护制度，包括专利制度、版权制度，以及特别立法、商业秘密法和反不正当竞争法等制度进行分析和研究，以期对各国的软件知识产权保护制度选择提供必要的借鉴。

2.1 软件与知识产权

本节将对论文主要涉及的重要概念先作基本的定义，其中包括计算机软件基本概念和知识产权基本概念的定义和分析，并且从技术、法学、经济学的不同视角给予不同的定义。

2.1.1 计算机软件基本概念

有关计算机软件的基本概念主要来源于一些技术专家们的科技术语，但也不乏一些法学领域视角的定义。

计算机软件简称软件，该术语最早使用是在1959年[①]。软件亦称“程序系统”，它是提高计算机使用效率、扩大计算机功能的程序总称。软件可分为系统软件和应用软件。《中国大百科全书》的解释为：计算机软件是计算机系统中的程序和有关文件[②]。程序是计算任务的处理对象和处理规则的描述；文件是为了便于了解程序所需的资料说明。《计算机发展简史》认为：所谓计算机软件是指使用计算机和发展计算机效率的一套程序系统和文

---

① 霍克(Hoch D. J.)等. 软件业的历史. 来源于 http://www.blogchina.com/new/source/source.asp? bid=184.

② 中国大百科全书编辑委员会. 中国大百科全书(简明版)(第4卷). 北京：中国大百科全书出版社，2004.

件。它包括计算机各种语言、汇编程序与编译程序、诊断程序、管理程序与操作系统、数据库管理系统、应用程序、各种维护和使用手册、程序说明和框图等。软件是用户和计算机硬件之间的接口与桥梁。它具有以下基本特征:(1)计算机软件是人类智力劳动成果,兼具了文字作品的表达形式和实用工具的功能性两种属性;(2)计算机软件研制开发复杂、工作量大、周期长、投资成本高,但复制、改编极其容易,且成本低、费用小、时间短;(3)计算机软件的思想与形式难以划分,两者互相渗透融为一体;(4)计算机软件的生命周期短,且随着计算机技术的发展,软件更新的周期将会越来越短。1978 年,世界知识产权组织发表了《保护计算机软件示范法条》,该法条对计算机软件作出如下定义:计算机软件包括程序、程序说明和程序使用指导三项内容。程序是指在与计算机可读介质合为一体后,能够使计算机具有信息处理能力,以标志一定功能、完成一定任务或产生一定结果的指令集合。程序说明是指用文字、图解或其他方式,对计算机程序中的指令所作的足够详细、足够完整的说明和解释。程序使用指导是指除了程序、程序说明以外的,用以帮助理解和实施有关程序的其他辅助材料。但由于《保护计算机软件示范法条》对程序的定义并不够准确,因为源程序即以高级计算机语言编写的程序可能会被排除在计算机软件之外,因而各国在参考这一定义时,多把"在与计算机可读介质合为一体后"删去,这样就可以明确无误地将源程序列入计算机程序中。

在美国 1980 年《版权法》的修正案中,第 101 条对计算机程序作了原则性的界定:计算机程序是"旨在直接或间接用于计算机以取得一定结果的一组语句或指令"。在 1983 年美国第三巡回上诉法院对"Apple Computer Inc. v. Franklin Computer Corp."一案所作出的判决中,上诉法院对美国版权法中关于"计算机程序"的定义作了如下解释:任何能够借助于某种机器或设备而被人们感知、复制及传播的作品,均应受到版权法的保护,版权法中所定义的"直接用于计算机"的指令,就是指目标代码表达的程序,因此目标程序应受版权法保护。同时,该判例把源程序、目标程序、只读存储器中固定的程序、系统程序和应用程序都列入了版权保护,并明确其属于计算机程序的范围。我国颁布的《计算机软件保护条例》也对计算机软件作了定义:所谓计算机软件,是指计算机程序及其有关文档;计算机程序,是指为了得到某种结果而可以由计算机等具有信息处理能力的装置执行的代码化指令序列，或者可以被自动转化成代码化指令序列的符号化指令序列与符号化语句序列；文档则是指用自然语言或者形式化语言所编写的文字资料和图表，用来表述程序的内容、组成、设计、功能规格、开发情况、测试结果及使用方法，如程序设计说明书、流程图、用户手册等。

目前，国际上在立法中以“计算机程序”取代“计算机软件”作为一个具有特定意义的法律术语。显然，计算机软件这一概念的外延要更宽一些，计算机程序和文档之间的区别还是比较明显的。一方面，计算机软件的核心内容是计算机程序，法律上需要加以特殊对待和研究的也是计算机程序；另一方面，因为计算机文档本身就是文字作品或绘图作品，属于版权法保护的客体，直接可以由版权法加以保护。这种转变也体现出软件可专利性的倾向，但本书在论述过程中，不严格区分计算机软件和计算机程序。

软件是一种知识高密集型产品，生产过程分成多个阶段，是高技术、高利润、高风险行业，在生产前期投入的固定资本较大，后期的成本较小，产品寿命短，更新周期快，生产的规模效应明显。软件从法学角度看兼有作品和技术的双重特性，因此在保护的过程中形成许多特殊的地方：(1)产权形式上的作品性和应用技术上的技术性。软件是作者智力创作的作品，可以供人们阅读和欣赏，在表达形式上类似于艺术作品；但同时软件也是一种实用的技术工具，可以供人们使用和消费并带来收益，在应用上体现出明显的技术特征和技术含量。(2)软件易复制性所导致的保护困难性。软件极容易以极小的成本被盗版和复制，在当前的网络环境下，盗版问题则更为严重，且不易被察觉和惩罚。(3)软件种类复杂性所导致的保护多样性。软件根据其功能和用途可以分成多种类型，如一般性软件和独创性软件；娱乐型软件和工具型软件；系统软件、支撑软件和应用软件；通用软件和客户化软件；等等。由于各类软件在开发难度、创新性要求和保护核心内容等方面的不同，形成了各类软件在法律保护形式上的基本差异。(4)软件法律保护形式的选择困难性和保护重叠性。目前，对软件进行保护的法律形式有版权、专利、商业秘密、商标等多种类型，相互之间在保护的过程中有所侧重，但也存在重叠的问题。各国在选择本国知识产权保护形式的时候，都有所不同。

2.1.2 知识产权基本概念

有关知识产权领域内的基本概念主要来源于法学专家学者们的研究，

但是国内外的专家学者们在很多概念上仍然存有较大的争议，观点意见也较为不一致。

仅就最基本的“知识产权”这一概念而言，长久以来就存在着诸多争议。其中，百科知识类的著作中对知识产权的定义就包罗万象。《大辞海：法学卷》的定义为：人们基于自己的智力活动创造的成果和经营活动中的经验、标识等依法享有其利益并排斥他人干涉的民事权利[①]。《辞海》的定义是：公民或法人对其智力活动创造的精神财富所享有的权利[②]。《大百科全书》的定义是：知识产权是一种私权，指对特定智力创造成果为客体的排他权、对世权[③]。法学类和经济学类的著作也有各自特殊的定义方式。《法律辞典》将其定义为：自然或法人对自然人通过智力劳动所创造的符合法定条件的智力成果，依法确认并享有的权利[④]。《法学大辞典》的定义为：法律赋予知识产品所有人对其智力创造成果享有的专有权利[⑤]。《中华法学大辞典：民法学卷》的定义是：法律赋予知识产品所有人对其智力创造成果所享有的某种专有权利[⑥]。《政治经济学大辞典》的定义是：行为主体以智力劳动的方法在科学、技术、文艺等领域里创造的精神财富的专有权[⑦]。还有众多的法学和经济学的教科书与学术专著都对知识产权给予了不同的定义，但是也有不少文献和国际性文件回避对此概念下定义的过程，仅仅罗列一些该领域所涉及的内容、范围或研究的问题。《与贸易有关的知识产权协定》仅列出了知识产权的8项内容；《成立世界知识产权组织公约》仅列出了知识产权的8项权利；《保护工业产权的巴黎公约》仅列出了工业产权的9项内容；《新帕尔格雷夫法经济学大辞典》的相应词条中仅列出了知识产权经济学中的基本问题。

版权(copyright)，来源于拉丁文copia，意为内容很丰富或为了形成丰富的内容。现在对版权的定义为：由国家立法机关授予的一系列法律特权，其中包括复制权、筹备衍生作品权、发行被保护作品权以及展示或表演被保

① 大辞海编辑委员会.大辞海：法学卷.上海：上海辞书出版社，2003.
② 辞海编辑委员会.辞海.上海：上海辞书出版社，2003.
③ 朱谢群.大百科全书.知识产权词条，2004.
④ 中国社会科学院法学研究所.法律辞典.北京：法律出版社，2003.
⑤ 曾庆敏主编.法学大辞典.上海：上海辞书出版社，1998.
⑥ 佟柔主编.中华法学大辞典：民法学卷.北京：中国检察出版社，1995.
⑦ 张卓元主编.政治经济学大辞典.北京：经济科学出版社，1998.

护作品权等[①]。有些国家称其为著作权或作者权，我国的《著作权法》将"著作权"和"版权"规定为同义词。专利(patent)，来源于英文"Letters Patent"，意指由英国国王亲自签署的带有御玺印鉴的独占权利证书。专利权，就是指国家依法授予发明创造人对其作出的发明创造享有的独占权。通常我们将专利权简称为专利。

2.2 软件知识产权保护的历史演进

计算机软件的保护经历了商业秘密保护时期、版权保护时期到可专利性趋势加强时期这样三个阶段的发展过程。

2.2.1 商业秘密保护时期

自 1946 年美国宾夕法尼亚大学研制成功世界上第一台电子计算机以来，计算机技术的开发与应用就以惊人的速度发展着。作为其中重要部分的计算机软件在 20 世纪 60 年代以前，很大程度上是作为硬件的附属物而出现的，还没有引起人们足够的重视。1969 年 6 月 23 日，当 IBM 公司宣布从 1970 年 1 月起将对软件和硬件分开定价出售之后，摒弃了将软件配套出售的方法，使得计算机软件与计算机相脱离，并将软件业从计算机工业中完全独立出来。此后，越来越多的软件公司涌现出来，为不同规模、不同类型的企业提供新的软件产品，并在事实上超越了硬件厂商所提供的软件产品。随着计算机软件对人们生活的渗透，软件开发成本在整个计算机系统的开发中所占的比例从 10%上升到 90%以上，计算机软件本身已成为有财产价值的交易对象和权利客体，因此必须对其加以法律的保护。在出现正式的版权法保护软件之前，人们一直使用商业秘密法保护计算机软件。

2.2.2 版权保护时期

计算机软件最初并不在版权法保护对象之列，是否应该将软件列入版权保护体系内曾经是个颇具争议的问题。由于计算机软件的技术特性

① 参见新帕尔格雷夫法经济学大辞典，"copyright"词条。

和巨大的商业价值，所以美国等不少国家从一开始就尝试用专利保护计算机软件。美国总统约翰逊任命了一个特别委员会，专门研究是否需要对计算机软件采取专利保护。经过多方讨论，该委员会在其作出的专门报告中，主张对计算机软件不给予专利保护，其主要理由是计算机软件不属于专利法所规定的能取得专利权的法定客体。但是当时美国也没有立即决定对计算机软件采取版权法的保护。这主要是因为版权法的客体被定义为用可复制的客观形式表现出来的文学、艺术、科学活动的智力成果，其基本原则是创意/表达两分法原则，意为版权法保护作品的表现，但不保护作品内容的思想概念。版权法保护的是创意的表达，如某种艺术作品或科技产品的创意转化为有形形式如文学戏剧作品等。与这些早期的版权法所保护的客体相比，计算机软件具有较大的差异性和迥然不同的特点。美国版权局只是在 1964 年接受计算机软件的版权作品登记，其中规定“对于计算机程序是否具有版权这一点尚不能确定，但可以根据现行的版权法接受计算机程序的版权登记，而让法院针对具体案件中版权的有效性作出判决”。1968 年，英国的 D. A. Senhenn 曾提议：在不附加任何实质性要求的条件下，把计算机程序作为一种新“作品”，增加到著作权法的保护对象中。但这些仅被视为软件版权保护制度的萌芽。

此后，到了 1972 年，菲律宾正式向前迈进一步，率先在其版权法中明文规定软件享有版权，成为世界上第一个以版权法保护计算机软件的国家。美国也在 1976 年和 1980 年两次修改美国版权法，明确以版权法保护计算机软件。由于美国在软件产业所处的领先地位，美国的软件保护形式自然被各国所借鉴，并且美国为了本国企业利益，也一直在给各国施加压力，意图使各国按照与美国相同的方法即当时的版权法来保护软件权利人的权利。从 1985 年开始，美国大规模地采用了外交、经济、法律等种种途径，推动全世界的计算机软件立法走人版权保护的轨道。关贸总协定乌拉圭回合的终结，基本上达到了当时美国想实现的目的。继美国之后，英、法、日等 20 多个国家也先后修订了版权法，将软件作为版权保护对象而列入版权法的保护范围。在国际公约方面，1994 年的 TRIPS 协议和 1996 年的《世界知识产权组织版权条约》都将软件纳入知识产权保护范围，并把软件与版权领域中最具影响力的《伯尔尼公约》相联系。随着计算机软件以惊人的速度发展，尤其是在互联网技术走出实验室以后，人们对于这个给其生活带来翻天覆地变化的新事物产生了越来越多的兴趣。虽然人们一开始就注意到软件兼有作品性与功能性的特征，但是选择版权法保护计算机软件仍是大势所趋。迄今为止，世界上已有60多个国家和地区采用了版权法对计算机软件实施法律保护，从而使计算机软件版权法保护成为世界上计算机软件法律保护的主要形式和通用方式。我国也于1991年6月，加入了版权法保护软件的行列。具体的软件版权保护国际发展进程如图2-1所示。

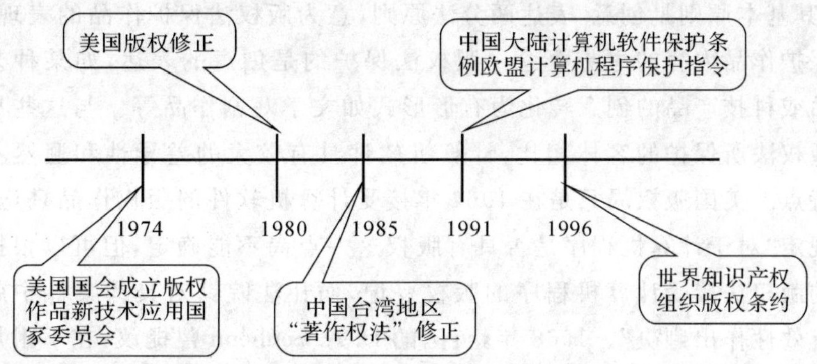

图2-1 计算机软件版权保护的国际发展

2.2.3 可专利性趋势加强时期

虽然目前版权制度仍是软件保护的主流模式，但从美国近年的判例和几个软件大国的立法实践中不难发现，软件的可专利性趋势日益加强，软件可专利性问题已然凸现成为法学界关注的焦点。20世纪90年代，全世界都惊讶地看到，美国的司法似乎正在不断地否定美国的立法意图，与美国力图推动各国走的那条版权保护之路居然并不一致。日本和欧盟国家紧随其后，经过二三十年的曲折迂回之后，计算机软件专利法保护又从后台走到了前台，并呈现出星火燎原之势。由于一开始计算机软件被认为是一种智力活动的规则和方法，近似于作品，所以大多数国家都没有把计算机软件纳入到专利法的保护范围，因此在早期软件未能成为专利法的保护客体。但是在之后的研究实践中，人们逐渐认识到当计算机软件与硬件设备结合为一个整体，软件运行给硬件设备带来影响时，不能因为该整体中含有计算机软件而将整体排除在专利法保护客体范围之外，计算机软件自然而然地应当作为整体的一部分而得到专利法的保护。因此，日本在1976年公布的有关计算机程序发明审查标准第一部分，英国在1977年公布的对计算机软件的审查方针，以及美国在1978年对计算机软件发明初步形成的Freeman两步分析审查法则及它们的后续修改中普遍规定：单独的计算机软件是一种思维步骤，不能得到专利法的保护；和硬件设备或方法结合为一个整体的软件，若它对硬件设备起到改进或控制的作用或对技术方法作改进，这类软件和设备、方法作为一个整体具有专利性。

2.3 软件知识产权保护的法律实践

当今世界的主要发达国家或地区同时也是当前的软件大国和地区，它们各自都在软件知识产权保护的立法实践方面作出了不同的努力和尝试。下面将以美国、日本、欧盟和中国的台湾地区为例来分别说明各自在软件知识产权保护方面的立法和判例实践活动。

2.3.1 美国的立法和判例

美国计算机软件保护的发展历程经历了一个曲折而又反复的过程。从最初的反对软件专利保护，到后来的积极推动全球软件版权保护，以及如今的扩大软件专利保护，都是充满争议的过程。从具体立法和判例实施中可以看出美国在软件保护问题上的态度转变。

从具体立法上看，20世纪60年代初期开始，美国政府就着手修订版权法并试图用版权制度来保护程序。其先后向两院提交了十几个法律草案，但都未能通过。直到1974年年底，议会才通过一项议案，并设立了"版权作品新技术应用国家委员会"(简称CONTU)，该委员会就软件保护等问题进行了大量的调查研究工作，对美国版权立法产生了很大的影响。1978年，CONTU向国会提交其总结报告，报告详细分析和比较了版权法、专利法以及商业秘密法，得出结论：版权法是保护计算机程序的最佳途径。报告还对程序保护问题提出了7项建议，这些具体建议为《版权法》的修改奠定了基础。1980年12月，美国国会通过《96－517号公法》，修订了1976年《版权法》，正式把计算机程序列入版权法保护的范围，CONTU报告的精神体现在第101条和第117条的新规定中。除了提议计算机软件用版权加以保护和对有关的权利加以限制外，CONTU 认为计算机程序版权保护应遵循“思想/表达二分法”，不采用特殊的审查标准，而应该依据不同案例的不同情况加以判断，这表明美国坚持用传统版权法来保护计算机软件。由于数字网络技术对版权法影响很大，1998 年 10 月美国又颁布了《数字化千年版权法案》，对原来的版权法作出了适应数字网络环境的修订。

从判例实施上看，美国最高法院和联邦巡回法院（简称 CAFC）对一系列计算机软件是否属于专利法保护的案件判决，基本经历了四个发展阶段。

第一阶段，拒绝专利保护阶段。美国《专利法》第 101 条规定：“任何人发明或发现任何新的及实用的制程、机器、制品或物质组合，或由其产生的任何新的及实用的改良，依本法所定要件或条件，得享有专利。”此法条意为“任何在太阳底下的人为事物”都能获得专利，但是自然规律、物理现象及抽象概念不在该范围之中。在 1981 年以前，美国基本上否定计算机软件的可专利性，认为计算机软件是一种算法或数学公式，不属于专利法的保护客体。1968 年，美国专利和商标局（简称 USPTO）提出了有关计算机软件是否授予专利的审查标准，规定除非软件与有形的装置相结合并导致物质的实体变化，否则无论如何均不得授予专利。在 1972 年的 Cottschalk v. Benson 案和 1978 年的 Barker v. Flook 案中，法院强调如果一项软件无异于数学运算，申请人试图对该数学公式的使用予以“先占”，则不能授予专利；但同时，法院没有完全否定对计算机软件给予专利保护的可能，即“审视申请人的权利要求应当将数学演绎的部分排除后，其过程是否仍构成新的实用制程而定，此即所谓的‘演算外之使用’原则”。最高法院关于 Benson 案与 Flook 案的判决并未关闭软件专利之门，却也没有明确表示哪些软件可以受到专利保护。1978 年，当时的美国关税与专利上诉法院在复审 Freeman 一案时提出了“不能笼统地将一切计算机程序排除在专利法保护之外”的观点，并提出了“二步测试法”，即在判断涉及计算机软件的发明是否具有专利性时，首先认定其权利要求是否直接或间接地记载了一种数学模型或一项科学原理；如果是，则要进一步判断其权利要求是否作为一个整体仅仅记载了一种数学模型或一项科学原理。如果上述两个问题的答案都是肯定的，那么该申请不具有专利性；如果有一个答案是否定的，则该程序可以获得专利。之后，Walter 案对“Freeman 二步测试法”作了改进，形成了“Freeman-Walter 二步测试法”。在 20 世纪 80 年代以前，美国司法界对软件专利的保护总体上处于拒绝保护的状态。

第二阶段，反复不定阶段。到了20世纪80年代，随着PC的普及，软件产业也随之起飞，软件的法律保护问题逐渐受到重视。1980年美国国会正式将计算机软件纳入到版权法保护范畴。至于专利保护方面，1981年的Diamond v. Diehr案第一次为软件专利保护打开了大门。美国联邦最高法院受理此案，最终以5∶4的多数维持原判，判定被上诉人利用电脑软件来协助完成人工合成橡胶程序的权利要求是符合《专利法》第101条所规定的保护标的要件的，应当授予专利权。法院认为：一个处理过程并不因为该过程的几个步骤涉及使用计算机软件而不能得到专利法保护，也就是说，一个专利的申请并不能因为还有数学公式而成为非专利保护的客体。本案涉及的工艺虽然使用了公开的数学方程式，但申请人并不是图谋独占方程式的使用权，而只是防止他人结合工艺中其他步骤使用该方程式。这个判例使得软件取得专利的条件清晰化：一个专利申请，在结构和方法中运用了某种算法，但这个结构或方法作为一个整体来看是完成了将一个事物转换或改变为另一个不同的状态或事物，那么该专利申请可获得专利。在Diehr案判决后，USPTO正式公布了有关计算机软件的专利申请的审查准则，强调指出：一项涉及计算机程序的发明，只有从整体上看是一个单纯的算法时，才可以把它作为不受专利法保护的对象予以驳回。然而1989年联邦上诉法院在另一个案件Grams案的复审时指出诉讼人的权利要求所涉及的内容完全是对于抽象的数据资料予以操作，因此判决其不符合专利法所定的保护标的要件，不给予专利保护。几天后同一法院又对一项使用诸如声音等模式识别的自动搭配电路系统判决给予专利保护。在整个20世纪80年代，美国司法界软件专利保护总体上处于反复不定的阶段。

第三阶段，扩大保护阶段。从1992年起，美国对于计算机软硬件的专利保护政策逐步成熟，因而对软件的专利保护也逐步扩大，当中不乏很多具有代表性的案例。Arrhythmia Research Technology Inc. v. Corozonix Corp.案所涉及的发明是利用数位电脑来过滤并侦测心电图当中的特定讯号，从而判断并筛选出最有可能患心肌梗死的患者，此案被告胜诉。法院认为：(1)关于专利要求是否符合专利性的法定要件是法律问题，必须由法院来认定；(2)凡是以数学逻辑或演绎为导向的发明，必须从经过电脑操作后得出的数值被用于怎样的用途(即实用性)作为是否合乎专利性的依据；

(3)凡完全以抽象的数学公式或程式为指向的陈述,无论是直接的还是间接的,均不符合专利法的法定条件。但是以特定的方法或装置做权利要求,而实施须依照特定的数学演绎而成的,符合第101条的规定。1994年的In re Alappat案的发明涉及改良电脑显示器画面功能的一项设计。鉴于此案的重要性,联邦巡回庭召开了全院审判,判定此发明构成机器,并确定了一系列重要的原则:(1)放弃了"Freeman-Walter二步测试法",而适用"任何在太阳底下的人为事物"为给予专利的依据;(2)依据Diamond v. Diehr案所确定的原则,在进行分析一项发明是否符合专利保护标的要件时,应就权利要求的整体来审视,而无须计较一项权利要求中的某个部分是否载有不符合专利保护要件的数学演绎;(3)一个通用的计算机如果加入了某个程序,执行了特定的功能,则将被视为一个特定的机器。

第四阶段,最新发展阶段。受Alappat一案的影响,在1995年4月26日,USPTO宣布包含在有形载体上的计算机程序符合美国《专利法》第101条关于可专利性的要求,并于1996年2月正式公布了《与计算机有关发明的审查基准》,同年3月29日开始实施。此后,在美国与软件相关的发明专利申请量以及相关的专利纠纷案件不断增加,而互联网的发展促使美国司法界对软件的专利性采取更加宽容的态度。从几个判例中确定了几项新的主要原则:(1)在State Street Bank & Trust Co. v. Singature Financial Group Inc.案中确定了在软件的专利保护的问题中没有所谓的"业务方法"的例外原则,在进行专利审查时,商业方法应当与其他行业的专利申请平等,即在此案中以从事投资分配和财务计算为目的的软件操作系统可以作为专利标的。此案引起各国普遍关注,因为该判决为各种不同类型的与软件相关的发明打开了可专利性的大门,使得在网络世界中与电子商务有关的软件等网络技术也具有了获得专利的可能。(2)在AT&T Corp. v. Excel Communications Inc.案中再次确认了"实用价值法则",即在审理有关数学演绎的权利要求时,关键在于判断该数学演绎究竟是否从事了实际的应用并且产生了实际的结果。如果答案是肯定的,则表示该权利要求具有专利性。自此,司法界正式废弃了"Freeman-Walter二步测试法"分析标准,大幅度地开放了与软件有关的专利保护范围,而不再单纯强调软件在工序和应用上的可专利性,并且USPTO基本上已经以"实用价值"取代"实用技术"作为一项软件发明是否具有可专利性的判断依据。

通过美国软件专利保护的历史演变可知，软件在不同的历史阶段所受到保护程度的不同，主要取决于计算机技术在不同阶段对社会进步所起作用的大小和所处地位的高低。从完全依附于硬件到成为互联网的技术核心，人类期望解决的问题或要实现的某种功能大都可以通过计算机软件对计算机的控制来实现。这使得人们对于能使计算机软件达成某种功能或实现某种目的所利用的算法是否属于纯粹的智力活动规则的认识也在不断地发生着改变，自然要逐渐采用较强的专利法来对软件加以保护。

2.3.2 日本的法律实践活动

日本在软件知识产权保护方面的法律实践活动也非常积极，但总体上呈现出追随美国的特征。其历史演变过程基本可以看成两个阶段，先是继美国之后修改版权法保护计算机软件，而后逐步修订与计算机软件相关的专利审查基准，放宽审查标准。

1. 修改版权法保护软件阶段

日本现行《版权法》于 1970 年 5 月 6 日颁布，并于 1978 年和 1985 年分别进行了修订。另外，日本还于 1975 年 4 月 21 日加入了《伯尔尼公约》，在 1977 年 10 月 21 日加入了《世界版权公约》。日本原有的《版权法》保护的作品范围只是一切具有独创性的文学、戏剧、音乐和艺术作品，以及日本根据某一国际条约必须保护的作品，并没单独列出计算机软件。直到 1985 年的修正案以后，才对计算机软件明确予以保护。根据该法第 2 条第 1 款第 8 项的要求，具有创造性的计算机软件才能成为版权法上的作品；第 10 条第 3 款规定，保护不能延伸至程序编制工作所使用的程序语言、规则和算法。尽管在当时的立法和实践中采用了版权法保护制度，但仍然有不少人对此持反对意见。最终迫于美国的压力，软件版权保护的形式还是被确立了下来。

2. 修订与计算机软件相关的专利审查基准阶段

1975 年 12 月，日本特许厅（简称 JPO）发布了《计算机程序发明的审查基准之一》，确认计算机程序可申请方法专利。1982 年 12 月公布的《关于微型计算机应用技术的发明审查基准》，确认了与硬件结合的计算机软件可以申报装置专利。1988 年通过了《关于计算机软件有关发明的审查方法》。1997 年 2 月，JPO 公布了新修订的《与计算机软件相关的发明审查指南》，对计算机软件的保护采取了与美国相同的宽松政策。在该指南中明确表示,专利申请范围可被撰写成“一种存有计算机程序的计算机可读存储介质”,甚至可以被撰写成“一种存有资料的计算机可读存储介质”。JPO 对其专利审查基准的修订,进一步刺激了日本产业界申请更多的计算机软件相关发明专利。随着美国 State Street Bank 等案的判决,2000 年 12 月,JPO 公布了《与计算机软件有关的发明审查指南》的修改版,其具体的修改基本上参照了美国司法判例的一些观点和作法。2002 年 4 月,日本修改了《发明专利法》,根据新修改的法律条款,计算机程序存储在诸如 CD-ROM 或软盘之类的物理媒介上将不再成为获得专利保护的必要条件;同时,其明确地把软件当成有形的“物品”纳入物的发明中,禁止未经授权从网上下载受到专利保护的软件,把通过网络传输提供计算机程序的行为也作为专利实施的一种形式。在软件的专利保护方面,日本明显地在向美国靠拢,不断加强软件的专利保护。

2.3.3 欧盟的软件可专利性尝试

在计算机软件的可专利性问题上,欧盟最初持的是反对态度,《欧洲专利公约》明确规定将计算机程序排除在专利法保护之外。此后的一些行动则又表明欧盟在计算机软件专利保护问题上的态度开始趋于缓和。

在 1987 年 VICOM 案中,欧洲专利局上诉委员会就指出,一个发明只要其符合专利的价值判断,就不应该因为它在执行中使用了计算机程序而将其排除在专利保护之外。在“IBM/computer program product Ⅱ”一案中,欧洲专利局技术上诉委员会于 1998 年 7 月 1 日作出决定,明确推翻了欧洲专利局关于计算机软件载体不具备可专利性的见解。该委员会认为,《欧洲专利公约》第 52 条第 2 项及第 3 项所排除的“计算机程序本身”并非发明系指欠缺技术特征的计算机程序,而具有技术特征的计算机程序就必须被认为是具有可专利性;并宣布不同意欧洲专利局专利审查基准和《欧洲专利公约》关于计算机程序本身或作为载体上的记载均不具备可专利性的规定。这个裁决突破了《欧洲专利公约》对计算机程序本身不可专利性这一原则的规定,赋予“本身”一词以新的含义。

在众多的判例和裁决的影响下,欧洲也开始积极地推进计算机软件专利保护的立法。欧洲专利局在 2001 年 10 月修改并公布了新的审查指南,将此前上诉委员会对计算机软件专利保护的有关观点给予了政策性的固化；明确指出具有技术贡献的计算机程序，不属于《欧洲专利公约》第 52 条第 2 项及第 3 项所排除的计算机程序之列，而应当属于可专利性的范畴。2002 年 2 月 20 日，欧盟执委会同时向欧盟理事会与欧洲议会提交了欧盟各成员国期待已久的《以计算机实施的发明的可专利性指令草案》，其目的在于澄清而不是修订有关与计算机实施的发明专利的法律。该草案将基本概念“技术贡献”作为所有能够获得专利的发明的标准，这就意味着只要计算机软件发明对某一领域的现有技术作出了技术贡献，就可以被授予专利。草案还强调将来欧洲专利法保护的范围应扩展到目前被排除在专利之外的所有人类活动的领域，尤其是商业方法和与物质世界没有关系的数学方法的核心部分或逻辑概念。2003 年 9 月，欧洲议会通过了修改后的《以计算机实施的发明的可专利性指令》，据此以计算机实施的发明在一定条件下具有可专利性，但计算机程序本身以及单纯的商业方法仍然不能获得专利，技术贡献是所有能够获得专利发明的标准。2004 年 5 月 18 日，欧盟理事会部长级会议通过了该指令草案。然而，此后荷兰和波兰相继表示不再支持该决议，导致部长级会议结果发生改变，欧洲议会的最终否决使该指令草案就此止步，欧洲大多数国家将继续通过版权法保护软件。

2.3.4 中国台湾地区对软件的专利保护

在我国台湾地区的软件专利审查实务方面，一般计算机软件专利申请案也通常会遭审查委员的驳回，理由是计算机软件是“非为利用自然法则之技术思想”或“利用人之推理力、记忆力始能实施”。然而，目前为了顺应国际潮流及台湾软件产业发展的需要，台湾的“经济部智慧财产局”(原称“中央标准局”)也于 1998 年 9 月 14 日制定了《计算机软件相关之发明专利审查基准》，并在同年 10 月 7 日公布实施，作为软件专利审查的准绳，使得台湾对于计算机软件的专利保护出现了新转折。在《计算机软件相关之发明专利审查基准》中，为配合台湾“专利法”，将发明分为“物之发明”和“方法发明”两种类型，申请及审查适用范围也分为物之发明和方法发明。凡可供产业上利用，且是利用自然法则之技术思想之发明，并以硬件与软件结合之方式来界定其具体结构，即属于物之发明，其又可分为两类：(1)限定于特定硬件与软件结合之发明，亦即执行软件于任何不特定硬件之发明；(2)定于特定硬件或硬件与特定软件结合之具体结构之发明。计算机软件之方法发明系着重在如何施行一个或多个动作、程序、操作或步骤以使计算机产生具体且非抽象之结果，而依所执行之方法步骤系发生在计算机外或计算机内以产生具体转换或动作者，可分为以下三种类型：(1)于计算机处理前，数据或讯号之具体转换之方法发明；(2)于计算机处理后，对硬件资源进行控制或伴随控制之处理；(3)于计算机内，该计算机软件方法系限定在特定技术领域的实际应用范围。

日本、欧盟、美国等国家和地区在计算机软件专利保护方面的做法，越来越朝着一个共同的方向努力，其根源都在于技术发展、市场竞争和新的经济利益的需要。日本、欧盟和美国计算机软件专利保护方面的趋同，带给我们的启示已经不是计算机软件专利保护的合理性和合法性的问题，而是随着计算机软件产业的发展和广泛应用，人们对计算机软件认识水平已经达到了比较深入和全面的高度，选择和加强专利法保护计算机软件成为了计算机软件法律保护的一种趋势。

2.4 软件知识产权保护的模式比较

在软件知识产权保护的多种模式中，以版权法保护最为普遍，是当今世界通行的做法；而专利法保护，则是近几年来在较多的软件大国中出现的一种新趋势；除此以外，还有特别立法保护、商业秘密保护和反不正当竞争法保护等多种模式。每种模式都有其优势和劣势，本节将着重探讨和比较这些制度形式之间的差异性和优劣势。

当世界上第一台计算机诞生的时候，它给这个世界带来的不仅是科学技术的进步，还带来了关于计算机软件法律保护的思考。自 1965 年联邦德国奥尔斯莱格在《工业产权和版权》杂志上发表了《计算机程序应当和可能受到保护吗?》一文，有关软件保护立法的研究与实践就没有停止过。国内外许多学者从不同的角度对计算机软件的法律保护问题提出各自的见解。部分学者认为，计算机软件和文字作品之间存在极大的相似性，即两者都是以语言符号表现并以某种形式复制的智力创造成果，因此根据此“作品性”众多学者支持用版权法进行保护，如张坚(2000)，刘平(2003)等。郑成思(1994)总结了中国以著作权法保护软件的三个阶段，并提出应在符合《伯尔尼公约》和 TRIPS 协议的基础上修改版权法，使其符合保护计算机软件的需要。也有不少学者指出，计算机软件无疑是“作品性”和“技术性”兼具的混合体，并且“技术性”是计算机软件不可忽视的一个方面，因此必须要与一般的文字作品相区别，在法律保护制度方面体现出来，故而支持用专利权进行保护，如刘孔中、宿希成和寿步(2001)，周翌炜(2001)等。早在 1984 年美国律师施布罗就发表了题为《向数学信息系统专有权保护的统一理论迈进——避免硬件与软件之间人为的界线》的论文，以表明应该将软件并入硬件保护法中进行保护的观点[①]。符望(2000)通过从整体上考察互联网与原有专利制度之间的不协调，主张中国也应借鉴别国立法经验，给予软件以专利保护。国内的学者主要是围绕着计算机软件专利保护的必要性展开专利客体问题的研究：一是指出版权保护计算机软件的不足；二是从分析计算机软件本身特征出发论证其可专利性[②]。也有不少学者从比较法研究的角度，通过对美国、日本、欧盟等软件大国和地区的计算机程序知识产权保护发展情况和司法判例的分析，结合我国的计算机软件专利审查的理论和实践，探讨软件可专利性等问题，进而提出完善我国软件保护制度的可借鉴建议[③]。

除了关于软件究竟适用专利保护还是版权保护的争论外，许多学者从不同的角度提出了多种保护计算机软件的知识产权制度。例如以东京大学法学院中山信弘教授为代表的通产省学派主张用特别立法保护计算机软件。另有马治国、孙可舟(1999)认为单独依赖版权法或专利法予以保护都是不合适的，对软件的保护应是版权法、专利法以及专门法律综合保护的体系化。曹亦萍(1997)认为根据计算机软件既适用工业产权法保护又适用版权法保护的特点，采用工业版权式保护是较为明智的选择。版权法学家迪茨(Dr. A. Dietz)提出在更多的国家以邻接权(而不是版权)保护软件。此

---

① 转引自：郑成思著．计算机、软件与数据的法律保护．北京：法律出版社，1987：195。

② 代表性文献有：郑成思．试论计算机软件法律保护及其发展趋向．中国专利与商标，1987；张海静．含有计算机程序发明的专利性问题．中国专利与商标，1989；陈仲华．计算机软件的法律保护．中国专利与商标，1992；应明．计算机软件的著作权和专利权．知识产权，1993；李贵方．计算机软件的专利保护．法律科学，1993；郑胜利．软件法律保护评析．中外法学，1995(5)；牟新华，王明洁．对计算机软件实施专利保护的可行性．当代法学，2000；孙海龙，曹文泽．计算机软件专利保护法律问题研究．法学家，2002；李温．也论保护计算机软件的法律模式及其选择．法学评论，2002.

③ 代表性文献有：耿利行．析美国对计算机软件的版权和专利保护．政法论坛，1997(6)；巫玉芳．美国计算机软件专利法保护的发展趋势．当代法学，2000；应明．计算机程序专利保护在美国的发展趋势．知识产权，2001；张平，卢海鹰．从拒绝保护到大门洞开——纵论计算机软件的可专利性．中外法学，2001(2)：222～237.

外，还有学者建议建立新的统一的计算机软件知识产权保护制度，如 SDKR 方案。SDKR 方案是由美国的四位学者 Paula Samuelson，Randall Davis，Mithchell Kapor 和 Jerome Reichman 所提出的，SDKR 是这四位学者姓氏第一个字母的缩写。在该方案中，将版权、专利保护合而为一，即用统一的制度取代目前分割的保护制度。他们主张不区分所谓思想与表达，把思想也看成表达，即开发者通过完成实施对行为主张权利①。

2.4.1 软件的版权制度保护

主张用版权法保护计算机软件的学者们认为，利用版权法来保护计算机软件有如下优势：第一，自动保护是版权保护共同遵循的一项基本原则，这使得版权保护方便快捷、成本较低。一般来说，一经产生，法律就会自动承认权利人就该作品所享有的权利，无须审批，至多要求登记注册即可。这使取得版权保护的手续简单，并能对软件加以及时的保护，而不像申请专利所需要的时间较长、手续复杂。第二，版权法对保护对象的要求较低，标准不高，只要求具有独创性，而无专利法的"新颖性、创造性、实用性"三性要求，所以采用版权法保护软件，可以使不同水平的软件、不同创作阶段的软件都能获得法律保护，即从可行性分析、流程图、模块、源程序、目标程序到程序说明书等几乎所有的软件只要是独立完成的，均可获得保护。第三，版权只保护软件的表达形式，而不保护软件创作思想，因此其他开发者可以利用原有的创作思想去开发新软件，这有利于软件的创新和优化。

而反对版权保护软件的学者们的观点主要包括以下几个方面：第一，从版权法专家的立场来看，版权法的目的在于促进文化事业的发展，其客体即"作品"的定义只限于能以文字、美感形式提供信息、指令或娱乐的作品，是能在人与人之间传达情感的工具。而计算机软件适用于工业生产，其价值主要表现在通过它的使用为社会创造出经济价值，保护软件的目的是促进产业经济的发展，保护的侧重点应放在它的财产权上。第二，版权法所提供的保护范围对软件来说是不充分的。软件兼具作品性和功能性，这使得软件中包含了相当的具有创造性的技术因素。而这些技术因素是软件的精华

---

① 转引自：吴汉东，胡开忠等．走向知识经济时代的知识产权法．北京：法律出版社，2002：74～75．

所在，它主要体现在软件开发过程中对软件功能、结构等的构思上，由于版权法无法保护思想，即使禁止非法复制版权作品，也不能禁止用作品中描述的方法去操作。用德国律师 Geissler 的话来讲："计算机软件所需要的保护，仍然是技术上的创造成果。从这个角度来看，传统版权法的保护范围对计算机软件所有人来说就显得过于窄了。"第三，如何合理界定软件作品表达形式的具体范围，对传统的版权制度来说，是一个较难处理的问题。版权法的侵权认定要求区分思想与表达，这种区分对软件作品来说是非常困难的。因为软件作品的表达同其构思极为接近，在将构思代码化的过程中，不需要太大的创造性，按某一具体构思很容易写出相似的程序。人们将这种程序的思想和表达之间的密切关系称为"思想和表达混合性"，正是这种混合性使得区分软件的思想与表达极为困难。第四，版权保护期限过长。就我国而言，一般著作权保护期在 50 年以上。软件的保护期限最少是 25 年，且可以在保护期满之前申请续展 25 年，保护期限过长限制了软件的开发创新。第五，版权法提供的侵权制裁措施太轻。侵犯版权的主要制裁方式是民事赔偿，很少涉及刑罚。但软件复制极其容易，且成本极低，而软件的工具性使其经济价值极高，非法复制并发行可谓一本万利。目前软件产业正逐渐成为支柱产业，对软件的侵权将严重影响经济秩序，所以此类惩罚过轻。第六，版权自动取得，无须公布于众，这对软件来说很可能会导致重复开发，浪费不必要的人力、物力、财力。同时，以版权保护软件作品将赋予软件公司更多的权利，软件公司会将软件不断地升级，并将其另行包装从而就思想内核大致相同却可作为不同的产品重复不断地出售给消费者，获得非对等的利益。

2.4.2 软件的专利制度保护

用专利法保护计算机软件具有十分显著的特点。第一，专利保护发明的创造性思想，因此软件产品最核心的技术构思与逻辑可以较好地得到专利法的保护，而版权法对此则是无能为力。第二，专利法要求申请人获取专利后必须公开其智力成果，因此获得专利的软件产品需要公开全部的技术方案，包括逻辑框图等核心部分。这样可以让公众能够方便地使用、借鉴和创新，有效地避免了软件的重复开发。第三，专利法鼓励人们对产品或方法予以改进，这可以促进软件技术的进一步发展，适应网络时代对数字技术改进发展的强烈要求。第四，专利法所强调的独占权与版权法赋予作者有限的作品排他权形成鲜明的对比，它既可以极大地满足软件权利人排他性的权利要求，也能够极大地调动权利人开发软件的积极性。第五，专利法的法定保护期限要短于版权法的保护期限，这与软件的平均商业寿命周期短这一特点基本一致。缩短独占的期限，不仅可以促进软件业更加努力地开发新产品以更快地收回成本，而且可以提高社会经济循环的速度。

虽然专利法在保护软件方面有以上诸多优点，并且国际上软件专利保护的趋势也正在加强，但是不能否认专利法在保护软件上同样存在着缺陷，扩大软件专利的保护必定会引发一些问题。第一，由于涉及计算机软件的发明专利审查的复杂性，其审查时间往往比较长。在美国，至少需要18～36个月才能获得专利权。尤其是在专利局基于软件专利的不确定性而提出异议并对软件专利进行复审的情况下，审查时间特别长。这对于商业寿命周期比较短的软件产品来说，申请专利就有些得不偿失。第二，软件专利审查对技术性要求比较高，而且软件涉及各个领域且数量众多，这要求审查员具有极好的计算机专业知识，但是在实践中这一点是比较困难的。第三，在软件专利审查中仍有许多在先技术存在，但是由于检索系统无法知悉所有的软件在先技术，这使得专利审查员很难对申请的“新颖性”作出判断。第四，虽然软件可以申请专利，但并不是所有的软件都可以得到专利法的保护。由于单纯的计算机软件同带有计算机程序的发明之间的界限难以确定，必将导致软件专利申请的不确定性。同时将软件按适用的行业进行分类的制度也有待于完善。第五，在版权领域中一些未能解决的问题从权利人的角度看或许可以用专利法来弥补加强，但是不可避免地会对知识产权的合理使用问题造成较大的影响。

2.4.3 版权保护和专利保护比较

在如今的软件知识产权保护的各类制度中，版权和专利是应用得最为广泛的两种保护制度。它们两者在保护计算机软件方面存在许多差异。

1. 保护对象的区别

版权法保护的是作品，而专利保护的是发明。首先，作品是作者思想情感的表现，反映作者的个性，存在无限种表现上的可能性，不存在模仿他人作品的必然性，是一个发散的结果；而发明是一种技术，一旦作出发明，任何人沿着思路实验，均可以得到相同的结果，是一个收敛的结果。其次，作品的价值不存在绝对标准，一般无法对其经济价值进行衡量；而发明进行价值判断是完全可以的。再者，从功能上看，作品主要是为文化发展作贡献，在于推动人类精神文明的进步；而发明的主要功能是为产业发展作贡献，在于推动人类物质文明的进步。

2. 制度结构的差异

从法律的制度结构上看，专利权和版权在保护标准、保护范围、保护期限等方面有不同的制度安排。首先，在保护条件方面，版权法保护的作品只要求"独创性"，而无专利法具体严格的"新颖性、创造性、实用性"三性要求，所以版权保护可使不同水平的软件、不同创作阶段的软件都能获得法律保护。专利法的"三性"要求会使大部分软件因不能达到标准而无法获得专利保护。其次，在保护范围方面，版权法只保护软件的"表达形成"，而不保护软件的"创作思想"，因此其他开发者可以利用已有的创作思想去开发新软件，这有利于软件的创新和优化，而专利法所赋予的是高度独占权，在一定程度上不利于其他开发者在已有软件基础上进一步开发和创新，这将影响软件技术的进步和提高。再次，从保护期限上看，版权保护期限长有利于保护软件权利人的权益，但过长的保护期不适应计算机软件更新换代速度快的特点。专利保护期限短，且要求专利申请人将发明内容公开，将软件的思想及结构全部放入公共领域，则易被不法行为人抄袭和改编。

3. 相关权利的不同

专利法和版权法在权利内容、权利取得和权利实施方面有较大的差异。首先，从权利内容上看，版权包括财产权利和精神权利，而专利基本上只是一种财产权利。但版权法没有赋予软件权人以专有使用权，这恰与软件相关权利以使用权为核心的特性产生矛盾。其次，从权利的取得上看，软件作为版权作品保护，开发者无需履行任何申请和审批手续，自其研究开发成功之日起，软件便自动获得版权保护，至多履行一下简便的登记手续。但专利的审批程序漫长、手续繁多，不能适应软件生命周期短的特点，且需要支付大量的维持费用。再次，从权利的实施上看，专利权一般适用于强制许可，而版权一般不适用强制许可。在现有的国际法律环境下，软件的版权保护容易得到各国承认，在国际上获得广泛有效的保护。软件专利保护与版权保护的重要差异集中体现在表 2-1 中。

表 2-1　计算机软件专利法保护和版权法保护的比较表

	软件专利法保护	软件版权法保护
权利产生	申请并审查通过	自动保护(登记注册)
权利内容	仅有财产权利:署名权、专利申请权、专利权、专利申请权和专利权的转让权、使用权、许可权、许诺销售权、销售权、进口权等	包括财产权利和精神权利:署名权、发表权、修改权、复制权、发行权、出租权、翻译权、转让权、许可权、信息网络传播权等
权利效力	较强	较弱
权利性质	独占权	排他权
保护条件	较为严格,必须满足新颖性、创造性和实用性	较为宽松,只要具有独创性
保护对象	对象较狭窄:部分具有可专利性的软件	对象较广泛:所有计算机软件
保护内容	软件的思想、数学算法、数据处理过程以及商业方法等	软件的表现形式
保护期限	较短:不超过 20 年	较长:50 年

2.4.4　软件的其他保护制度

除了占据主流的软件版权保护和日益成为趋势的软件专利保护,还有许多特殊的制度可以保护软件,如特别立法保护、商业秘密保护和反不正当竞争法保护等制度。

1971 年,世界知识产权组织应联合国的要求对软件的法律保护问题和国际协调问题进行研究。为促成各国对软件保护问题有一个统一的认识,以便软件在国际上能得到广泛和一致的保护,来自不同国家的专家与学者在 1978 年发表了《保护计算机软件示范法条》。该法条的目的同版权法、专利法等知识产权一样是为了促进软件的开发及软件知识的传播,所体现出的保护制度是带有版权法、专利法、商业秘密法和反不正当竞争法等多种性质的专门法模式。实际上,1978 年的《保护计算机软件示范法条》并未在世界上起到预定的效果,当时除美国少数几个国家对软件立法保护外,其余国家的软件保护问题还处于无法可依的状态。这与当时计算机软件的飞速发展相矛盾,也给越来越多的软件出口商造成了威胁,因此软件的国际保护呼声日益高涨。WIPO 工作小组的大部分成员认为软件的国际保护不适合采用当时已存在的条约，主张对软件重新订立专门的国际公约。1983 年，WIPO发表了《计算机软件保护条约》草案。与《保护计算机软件示范法条》相比，草案删去了所有权、转让权、独创权、不保护概念原则、部分侵权行为、救济等方面的内容，保留了软件所有人的专有权、软件保护期的规定，增加了条约的原则、修订、参加条约的方法、条约使用的语言等非实质性的内容。由于该草案对保护软件的能力大大减弱，加上当时发达国家倾向于版权法保护模式，所以草案仍旧未能得到大多数国家的响应。日本通产省也曾于1984 年向国会提交过《程序权法法案》。在日本采取版权法保护制度之前，通产省提出了一份制定新法“程序权法建议”。这份建议的开头部分分析了版权法保护软件的不足：版权法过分强调保护软件开发者的精神权利，但不保护使用权，也不保护用户的利益，因此版权法保护模式不是保护软件的理想模式。继而提出了对软件的保护采用单独立法的保护模式并列出具体的立法要点。虽然在美国的压力下，最终日本还是否定了这份建议，但具体可行性条款至今对主张单独立法的国家还是有极大的参考价值的。

软件的特别立法保护仍是一个漫长的过程和值得探讨的问题。因为特别设立的法律必须兼具版权和专利的优势，所以就必须要妥善解决一些棘手的问题，如权利取得的手续问题，究竟是登记抑或是审查；权利取得的条件问题，如何定义比专利法的“三性”更为合适而精确的条件；权利内容方面，究竟仅指财产权抑或包括人身权等精神权利；在保护期限方面，究竟多久才是与软件更新速度相吻合的；在合理使用方面，究竟何种类型的使用是可以不受法律追究的。由此看来，特别立法保护的立法成本本身就是一个最强的限制条件。

除了特别立法保护外，商业秘密保护也一直被作为辅助手段在进行保护的。当计算机软件符合商业秘密保护的构成要件时，就可以通过商业秘密进行保护。但是商业秘密强调的是一种自我保护，并不禁止他人通过“反向工程”对软件进行分析从而得到思想，生产出软件产品。而现代的计算机软件开发越来越呈现出一种模块化的倾向，软件目标代码中直接体现出的思想和算法越来越明显。如果要依靠技术上的“加密”来进行自我保护，自然会加大软件开发的成本，也降低了软件的通用性。

同样，反不正当竞争法也可以作为一种辅助形式进行保护。但反不正当竞争法对于计算机软件保护的范围相当宽泛，当然只要涉及不正当竞争就可以依据该法进行保护。但是，该法有其适用性的问题，它的主要适用对象是在“经营者”的有限范围内，具体在计算机软件方面，是指软件商品经营或者提供营利性的软件服务的法人、组织和个人，而对于非经营者的软件侵权行为就无能为力了。

2.5 本章小结

计算机软件是信息社会的标志性产品，是一种知识产品。随着社会信息化进程的加快，软件已经从过去的附属产品变成了一个具有较大规模并极具发展潜力的强势产业，其使用价值和商业价值也正在被越来越多的人所认识。但在软件的开发、生产、销售和使用过程中，有许多现象使人感到困惑，如软件盗版问题、软件产业的垄断问题和暴利问题、软件的定价问题等。而在所有这些问题中，最为关键的是软件保护问题，即计算机软件在知识产权领域中究竟应如何用法律来全方位的规范和保护。计算机软件从20世纪60年代提出保护以来，如何保护计算机软件便成为各国争论不休的问题。虽然目前大多数国家乃至一些国际公约都采取以版权法来保护计算机软件，但软件最优保护制度的问题并未得到彻底解决，而且随着以超大规模集成电路芯片作为处理器的第五代计算机的出现，这个问题不但没有解决，反而被凸现出来成为全球发展知识经济所迫切需要解决的重大难题。

因此本章着重对软件知识产权保护的理论、历史与实践等问题进行详细的讨论，为后续相关研究的展开做好准备。首先对本书主要涉及的重要概念，从技术、法学、经济学的不同视角给予定义，其中包括计算机软件基本概念和知识产权基本概念。然后将计算机软件的保护历史，按照保护的进程进行了分期，基本上分为商业秘密保护时期、版权保护时期和可专利性趋势加强时期三个阶段的发展过程。同时以美国、日本、欧盟和中国的台湾地区为例分别说明各国和各地区在软件知识产权保护方面的立法和判例实践活动，总体上可以看出现阶段的软件保护体现出以版权保护为主要途径、以专利保护为主要趋势的一种发展动向。最后探讨和比较了版权、专利、特别立法以及商业秘密保护等各种软件知识产权保护制度形式之间的差异性和优劣势，为后续章节的软件版权保护和专利保护等问题的展开研究做好了基础性的工作。

3 软件知识产权保护制度的经济学分析

本章旨在对软件知识产权保护制度的经济学理论文献进行评述。首先在归结软件的经济学特征的基础上，探讨软件保护的两大原则：创新激励和信息披露。此后围绕软件保护的主要原因即软件侵权问题，沿着理论和实证两条思路进行研究和评析，并从经济学的角度分别论述软件保护的各种具体形式。最后，基于以上文献回顾与梳理，构建出理论模型，从创新数量、创新利润和社会福利三个角度着重对软件的专利和版权保护制度进行比较。

3.1 软件的经济学特征

Oz Shy(2001)将网络产业的经济学特征归纳为：互补性、兼容性和标准；消费的外部性；转换成本和锁定；生产的规模经济。并且他认为软件产业也属于网络产业，因此具有这些特性。由于第四个特征在传统的经济理论中已经接触较多，所以本书主要对前三个特征展开讨论。当然除此之外，也有学者认为软件还具有易复制性（即复制成本或边际生产成本为零）、收益递增、消费者存在群体差异（公司用户和个人用户在支付意愿、侵权成本等方面存在差异）等特征。经济学家已经发现软件的经济学特征对软件的侵权、保护和赔偿都会产生影响，因此纷纷将软件的经济学特征作为经济变量引入模型中进行研究。在本章的后面部分，会发现侵权的理论模型中，绝大多数的文献都考虑了网络外部性；同样，兼容性和转换成本对软件商业模式的选择和软件定价策略也会产生影响。

3.1.1 网络外部性和网络效应

早在20世纪90年代初期，经济学家就开始注意到软件市场上存在网络外部性（network externality）现象。当一种产品对一名用户的价值取决于该产品别的用户的数量时，经济学家说这种产品显示出网络外部性或网络效应(network effect)(Shapiro 和 Varian,2000)。但 Liebowitz 和 Margolis(1994,1995)分别撰文论述网络外部性与网络效应的区别。他们认为网络效应是普遍存在于经济体中的，而网络外部性是特殊的网络效应，存在于“网络参与方交易的未开发的收益均衡中”，它会导致市场失灵，但不如网络效应普遍。Katz 和 Shapiro(1994)也接受了网络效应和网络外部性在理论上的差异，但他们不同意两者在应用上的差异，并认为真实的网络外部性比 Liebowitz 和 Margolis 所说的更普遍。而其他学者的文献如 Economides (1996)、Klausne(1995)继续使用网络外部性的概念来包含所有的网络效应。

Katz 和 Shapiro(1985)最早发展了一个静态的寡头垄断模型来分析存在网络外部性的市场。这是关于网络外部性最有影响的理论文献之一。在文中，他们提出了正的网络外部性的来源：第一，网络外部性可能是由购买产品人数的直接物理效应引起的，这被称为直接外部性。Rohlfs(1974)认为直接外部性只会发生在一个物质的、双向交流的网络中。第二，网络外部性是从一系列互补的兼容性产品中间接得到效用而产生的，这被称为间接外部性。第三，外部性依赖于服务网络的经验和规模，而这个服务网络是随着销售的商品数量不同而不同的，这是间接外部性的另一个方面。可见，间接效应可以导致消费的外部性的产生。在 Katz 和 Shapiro(1985)的研究中，r 型消费者对存在预期网络规模大小为 y^e 的支付意愿是 $r+v(y^e)$。所以每个 r 型消费者选择能使其消费者剩余最大化的品牌，则他可以得到的最大价值为 $r+v(y^e)-p$。关于网络外部性的分类，Bensaid 和 Lesne(1996)也提出三种网络效应：第一，隐喻的(metaphorical)网络外部性，主要是指一个产品的用户从相同的额外的服务和共同的专长中产生的。第二，“口头传播”(word of mouth)的外部性。更多的信息、更多的用户会使搜寻成本下降，保留价格上升。这类外部性与信息产品相关，仅从外表无法判断质量。第三，“干中学”(learning by doing)外部性，当产品有更多消费者时，产品的质量会通过进一步更新而提高，这类外部性主要与软件市场相关。Farrell 和 Saloner(1986)也同样发展了一个类似于 Katz 和 Shapiro 的网络外部性模型，但该文研究的重点是在新技术的采纳方面。他们认为消费者从采纳新技术 x 中得到的总收益可定义为 $u(x)=a+bx$，其中包括独立于网络的

收益 a 和代表网络收益的 bx 两部分。表 3-1 比较了 Rohlfs(1974),Katz 和 Shapiro(1985), Farrell 和 Saloner(1986)三篇文章网络效应模型化过程中的差异。

表 3-1　网络效应模型化的差异比较

文章作者(年份)	网络效应的模型化
Rohlfs(1974)	预期的安装基础(installed base): $q_i^D = q_i^D(p, q_1, \cdots, q_{i-1}, q_{i+1}, \cdots, q_n)$
Katz 和 Shapiro(1985)	安装基础: $r + v(y^e) - p$
Farrell 和 Saloner(1986)	安装基础: $u(x) = a + bx$

有许多经济学家通过调研等方式得到数据然后进行回归等实证计量方法分析,论证了软件市场上网络外部性的存在。Gandal(1994)采用享乐价格方程和 1986—1991 年的数据对网络外部性进行了实证研究,为电子制表软件市场存在网络外部性的假定提供了支持。回归模型为 $P_{it} = f(C_{it}, NC_{it}, T_t)$,其中 P_{it} 是电子制表软件的价格清单;C_{it} 是兼容性的贡献率;NC_{it} 是非兼容性的贡献率;T_t 是软件包 i 在 t 期的时间趋势。回归的结果表明,所有的兼容性变量都高度显著。当一个产品与其他产品越兼容,网络外部性越强,那么消费者支付意愿也越高。由此得出结论,计算机电子制表软件市场存在网络外部性。Brynjolfsson 和 Kemerer(1996)改进了 Gandal 的研究,纠正了 Gandal 模型中没有衡量直接网络外部性的缺陷,用类似的享乐价格模型和 1987—1991 年的数据进行了实证分析。回归模型是 $P_{it} = f(N_{it}, S_{it}, F_{it}, T_t)$,其中 P_{it} 是价格清单;N_{it} 是网络外部性的贡献率;S_{it} 是标准的贡献率;F_{it} 是产品特征的贡献率;T_t 是软件包 i 在 t 期的时间趋势。网络外部性变量是现有该商品的安装基础占总安装基础的相对份额。标准变量决定了产品是否支持 Lotus 1-2-3 菜单树的特征。他们发现网络外部性和标准变量都很显著。网络外部性变量由相对份额表示,每增加一个百分点,会使价格增加 0.75%,而那些采用行业主导标准的 Lotus 树型菜单用户接口的表格程序,其价格比平均价格高出 46%。其他的实证研究还包括 Saloner 和 Shepard(1990)对 ATMs(automated teller machines)市场的研究,Greenstein(1992)对 IBM 大型机市场的研究,以及 Cottrell 和 Koput(1998)对 1981—1986 年软件产业中的硬件和软件数据的研究。

近年来，国内关于网络外部性研究的文献也大量涌现，如张铭洪、陈蓉(2002)主要分析了网络外部性对消费者需求、收益变化规律和市场均衡理论的影响。汪淼军、厉斌(2003)在 Hotelling 模型的基础上发展了一个简单模型来分析网络外部性与竞争、产品差异性的关系。得到的结论是：在局部均衡中，网络外部性会加剧厂商之间的竞争，但在一般均衡模型中，网络外部性则可能削弱竞争；在局部均衡中，网络外部性一般不会影响产品横向差异化，但在一般均衡模型中，产品横向差异化是网络外部性的递增函数；网络外部性对产品纵向差异化及社会福利的影响依赖于厂商的生产成本。钱春海、肖英奎(2003)从网络外部性的角度研究了中国移动通信产业内的市场竞争问题。结果表明，随着中国移动通信市场的成熟和网络外部性效应的影响，在向 3G 过渡的 2.5G 竞争中，联通选择了 CDMA 标准与移动的 GPRS 相竞争，这为联通在市场竞争中胜出提供了契机。但究竟何种标准将占领市场，这取决于网络效应中消费者对市场的预期以及技术标准对用户安装基础的控制。帅旭、陈宏民(2003)认为网络外部性来源于市场中消费者的趋同效应，它往往导致赢家通吃的市场格局。他们从网络外部性的角度研究了中国移动通信产业 2G/1G 和 2.5G 的市场竞争，得出的结论与钱春海、肖英奎(2003)的结论相同。

3.1.2 兼容性与标准

计算机软件的消费必须与硬件具有互补性，即传统经济学概念上的“互补品”。这也意味着在这些市场上消费的是一个系统而非单独的产品。为了生产互补性产品，就要求产品具有兼容性(compatibility)，最好是在一个相同的标准(standardization)之下进行生产。因此许多经济学家从产业组织的角度对兼容性和标准的问题展开了研究。

在 Katz 和 Shapiro(1985)的文章中，他们考察了消费者预期、兼容性和网络外部性的关系。他们发现，在兼容性方面，大企业即具有较大市场份额的企业倾向于阻止产品兼容，即选择过低的兼容性；而小企业则倾向于与大企业产品兼容，即选择过高的兼容性。从社会角度而言，如果均衡结果是所有厂商都选择同一标准，此时兼容性是社会最优的；而在其他条件下，市场均衡结果与社会最优可能并不一致。Katz 和 Shapiro(1986)在一个两期模型中分析了行业标准和技术产权的关系。其结论是市场均衡结果依赖于技术的产权保护，相对于社会最优而言，过多兼容性和过少兼容性都可能出现。在产权和标准化关系上，他们证明如果技术缺乏专有权保护，本期具有成本优势的技术更可能成为行业标准；如果只有一种技术享有专有权保护，则该技术更可能成为行业标准，即使它在两期中成本都较高；如果两种技术都享有专有权保护，则未来具有成本优势的更可能成为行业标准。

部分学者探讨了次优标准的出现是否会"套牢"一个产业以及最优兼容性的问题。David(1985)认为网络外部性是主要因素，它导致了QWERTY打字键盘标准形式的长期存在。虽然这种标准的键盘形式不如后来研发出来的替代键盘形式有效率，但仍然能长久地存在于软件市场上。Farrell 和 Saloner(1985)认为消费者和厂商经常能从产品标准化中获利，但是他们讨论的重点在于，当更好的可供替代的标准已经存在时，过时的标准是否会将这个产业"套牢"。得到的结论是，当厂商拥有完全信息和统一偏好时，答案是否定的；当信息是不充分的时候，这种"过分的惯性"就会发生。并且他们还讨论了在什么程度上这个问题可以通过交流来克服。Farrell 和 Saloner(1986)从消费者偏好的角度考察了最优兼容性问题。他们的基本结论是，如果消费者偏好并非一致，则市场均衡结果有可能是过分标准化，也有可能是过分的差异化；如果社会最优是差异化，则均衡结果必然是差异化；如果标准化是唯一的纳什均衡，则其必然是社会最优的。Emmanuelle 和 Benaim(2000)用演进博弈的方法，从动态角度考察了行业标准的出现以及最优兼容性等问题。他们认为行业标准的出现依赖于消费者对标准化的偏好。如果消费者是标准化偏好者，即消费者关于标准化的效用函数是凸的，则标准化肯定会出现，但可能不是社会最优的。在这种情况下，政府干预会加速最优标准的出现以及防止陷入较劣的行业标准。如果消费者是标准化中性者或者消费者能接受非标准化，即关于标准化的效用函数是线性或者凹的，则市场均衡结果可能是标准化也可能是多样化。但是，行业标准演变的路径依赖或者锁定现象不会出现，因此政府干预是没有必要的。Tineke Tgyedi(2001)以 Sun 公司对 Java(一种重要的兼容性的中间设备技术)的策略为例，来讨论企业的兼容性策略问题。得到的结论是，如果强调事实上的兼容性(de facto compatibility)，标准化就不是最有效的策略。兼容性策略在私有产权方法下受批评，而在开放源代码的方法下是可行的。

另一部分学者研究了标准竞争的相关问题。Bessen 和 Farrell(1996)

以及 Hinshaw(1999)都分别阐述了标准竞争发生的条件:第一,厂商在市场和技术的位置是对称的;第二,标准竞争不会延迟消费者的技术采纳;第三,如果竞争是在所谓的兼容性产品层次,将会使潜在的产业利润耗散。Shapiro 和 Varian(2000)认为标准从几个重要的途径改变了竞争的性质:第一,标准增进了兼容性或互联性,通过扩大网络为用户产生更大的价值;第二,标准减少了消费者面临的技术风险,也加速了新技术的普及;第三,标准减少了消费者锁定;第四,标准将竞争的中心从争夺市场统治地位转移到争夺市场份额;第五,标准使竞争从功能竞争转向价格竞争;第六,标准能实现独家扩展功能的竞争;第七,标准使竞争的场所从系统转到了组件。夏先良(2004)在对电信市场的网络效应、转换成本以及标准经济性质分析的基础上,探讨了厂商在私有协议、产业标准化和机构标准化竞争中采取的知识产权政策。在通信和电子信息产业里,市场选择决定胜出的是私有协议,厂商采取的基本策略是先松后紧的知识产权政策。产业联盟的厂商在产业标准化上既竞争又合作,厂商们都试图运用有效的知识产权政策和市场策略赢得标准谈判更大的筹码。在机构标准化竞赛中,厂商会采取适度温和的知识产权渗透政策和"脚踏两只船"的风险分散策略。中国厂商相应采取科学的知识产权政策对于赢得私有协议和标准化起着关键性作用。

3.1.3 转换成本和锁定

Shapiro 和 Varian(2000)指出当一种品牌的技术转移到另一种品牌的成本非常高时,用户就面临锁定(lock in)。转换成本(switching cost)和锁定在信息系统中是非常普遍的。他们还对锁定和相关转换成本进行了分类,表 3-2 为锁定的类型和相应的转换成本。

转换成本的相关文献在 20 世纪 90 年代初期出现得较多,但部分文献并没有清楚地表明转换成本对竞争的影响,如 Richard Schmalensee(1982),Farrell 和 Shapiro(1988)以及 Benjamin Klein(1993)。而 Oz Shy(2001)认为转换成本将从两个不同的路径对价格竞争产生影响:第一,如果消费者已经被锁定在一个特殊的商品中,厂商只要知道消费者不转换就会一直提价,直到差价超过转换成本为止。第二,如果消费者不被锁定,品牌生产商会通过提供折扣或免费赠送产品和服务的形式来竞争,用以吸引将来会在技术

表 3-2 锁定的类型与相应的转换成本

锁定的类型	转换成本
合同义务	补偿或毁约损失
耐用品的购买	设备更换,随着耐用品的老化而降低
针对特定品牌的培训	学习新系统,既包括直接成本,也包括生产率的损失;随着时间而上升
信息和数据库	把数据转换为新格式,随着数据的积累而上升
专门供应商	支持新供应商的资金;如果功能很难得到或维持,就会随时间而上升
搜索成本	购买者和销售者共同的成本,包括对替代品质量的认知
忠诚顾客计划	在现有供应商处失去的任何利益,再加上可能的重新积累使用的需要

上被锁定的消费者。其他关于转换成本的文献有:Klemperer(1987)指出事前同质的产品的购买之后会在事后变得有差异这主要是由转换成本造成的,它包括学习成本、交易成本或厂商强加的"人工"成本,如重复购买的折扣。他认为存在转换成本时,寡头垄断的非合作均衡与不存在转换成本时的串谋结果是相同的。但是对于未来串谋利润的预期会导致在市场发展的早期出现对市场份额的激励竞争。Beggs 和 Klemperer(1992)研究了存在转换成本时,双寡头厂商定价和无期限市场中的市场份额的变化问题。他们的研究表明价格(和利润)比不存在转换成本时高。Padilla(1992)发现转换成本使竞争趋于缓和。这个结论也可以在 Padilla(1995)的一个随机模型的对称马尔可夫完美均衡中得到。

3.2 软件保护的原则

软件产业在信息产业和知识经济中的地位日益凸显,加之软件侵权现象在全球范围内的扩散和加剧,这都使得软件保护问题备受关注。各国的政府、产业界、学术界都纷纷撰文从自己的立场和角度来探讨软件制度的保护问题。

经济学家关于此问题的研究，主要围绕以下三大主题展开：第一，对计算机软件进行保护的目的及原则。总的来看，软件保护最主要的目的是通过给予创新者一定的权利和补偿来激励创新（innovation），实现技术进步（technology progress）和经济增长（economic growth），但同时又应兼顾社会其他成员，鼓励创新信息和知识的披露和溢出，从而提高全社会的福利水平。所以保护的原则就是在创新和传播之间达到平衡。第二，计算机软件究竟适用何种制度保护方式。各国对软件保护的方式有许多类型，其中讨论最多的是知识产权制度（IPR），包括专利（patent）、版权（copyright）、商业秘密（trade secret）、特殊权利（sui generis）等形式。除此之外，还有报酬制度（reward）、奖励制度（prize）以及合同制度（contract）等形式。在诸多制度中，究竟何者最适合软件的保护，存在着不同的答案。第三，在知识产权制度中最优的保护期限（长度）和保护范围（宽度）又是如何。

3.2.1 创新激励

关于创新问题研究的思想火花最早可以追溯到熊彼特（1934）关于"创造性破坏"的论述，但较为完整的思想来源于 Arrow（1962）、Nordhaus（1969）对发明创新的经典论述。Nordhaus（1969）探讨了技术的经济学，提出了一个单阶段孤立创新发明的模型，表明强的专利保护会导致更多的 R&D 投资，并研究了发明的竞争与扩散和最优专利的期限问题。沿着他们的思路许多经济学家包括研究最优专利制度设计的 Scherer（1972）、Waterson（1990）、Gilbert 和 Shapiro（1990）、Klemperer（1990）、Gallini（1992）和研究专利竞赛的 Loury（1979）、Dasgupta 和 Stiglitz（1980）、Lee 和 Wilde（1980）等都在孤立创新（isolated innovation）①的框架下，研究知识产权制度的保护（尤其是专利制度的保护）对创新激励、技术进步等因素的促进作用。因为在此框架下，没有进行后续创新的可能性，保留创新结果也没有价值，所以厂商在取得创新之后，会对其进行披露并申请专利。

在这些理论的推动之下，各国先后对本国的知识产权制度进行改革。近 20 年来，全世界的知识产权制度保护总体上趋于加强是源于对传统理论

① 孤立创新是指创新的发生是单一的、孤立的，所以创新过程不依赖于其他过程；累积创新是指后续创新建立在先前创新基础之上的创新。

的理解。但最近的研究对传统的观点提出了质疑,即知识产权保护的加强究竟能否有效地激励创新。现代的创新模型是基于累积创新(cumulative innovation)的框架之下,任何厂商必须先完成(或以其他途径获得)前期创新,即 Scotchmer(1991)所说的必须"站在巨人的肩膀上",然后才能进行后续创新(Green 和 Scotchmer(1995)、Demicolo 和 Zanchettin(2002))。Merges 和 Nelson(1990)、Scotchmer(1991)发现,在这样的假定条件下,强保护会对后续的创新研究产生影响,因而提高实现知识产权的能力会阻止创新而不是促进创新,这些观点与传统的观点恰好相悖。

有许多经济学家关注过知识产权保护与创新/增长的实证研究,如 Gould 和 Grubon(1997)、Lach(1995)、Park 和 Ginarte(1997)、Thompson 和 Rushing(1996、1999)、Maskus 和 Mcdaniel(1999)、Grosby(2000)。Branstetter 和 Sakakibara(1999)估计了日本专利保护增加的影响。1988 年前,日本专利系统只允许一个请求权,1988 年日本改革其专利制度为多个请求权,这更接近美国的专利系统。在这样的背景下,他们运用 Klemperer、Gilbert 和 Shapiro 的模型,试图验证保护范围增加会导致日本企业 R&D 支出的增加和日本企业发明数量的增加。但结果表明两者均未增加,相反日本在美国的专利数量反而增加。

Graham 和 Mowery(2001)、Lerner(2002)通过实证研究发现专利保护在美国扩展到创新的领域——软件、生物技术和商业方法后,增加了专利应用的数量和在这些领域授予专利的数量。Lerner(2001)研究了 60 个国家 150 年之久的 177 项政策的变化。结果发现专利的保护力度与创新存在"倒 U 形"关系,即当保护初始是低水平时,增加保护对创新有正效应;如果保护初始为高水平时,增加保护对创新有负效应。Jeffe(2000)讨论了最近的美国专利改革对创新的影响。该文调查了美国专利制度近 20 年的改革,分析其对技术进步的影响,但结果发现,政策对创新影响的实证结果很不显著。Yongmin Chen(2002)研究了发展中国家知识产权与创新的关系,弱的知识产权保护有利于本国模仿国外先进技术,强的保护则会孤立国内创新活动。所以该文发展了一个模型来解释这个两难困境对发展中国家知识产权制度选择的影响,并在此基础之上,对 64 个发展中国家 1975—1995 年的数据进行时间序列分析。实证结果表明,在发展中国家知识产权制度对创新有正的效应,并表明知识产权制度与经济发展存在"倒 U 形"的关系。

3.2.2 信息披露

当一项创新活动发生以后，创新者可以选择将其作为商业秘密加以保护，但这要冒一定的风险，因为其他的创新者可能会独立发现，此外还要承担保护成本。同样，创新者也可以选择其他知识产权保护制度，而这些其他的知识产权保护制度，如专利或版权实际上是创新者与社会的一种交易：创新者从中可以享受到在保护期限内排他权利；社会可以从保护期限之后的创新信息披露中获利。知识产权保护对信息披露有何影响，对厂商的保留或披露策略有何影响，都是这类文章试图解决的问题。

信息披露的要求，往往会使创新者在商业秘密保护和其他知识产权制度中做选择。Friedman、Landers 和 Posner(1991)认为，发明者会在创新太小无法专利保护或是专利保护的成本高于收益时，选择商业秘密保护。Dasgupta 和 David(1994)在一个两阶段的创新竞赛模型中探讨了厂商对前一期创新信息的披露问题。他们认为最终的纳什均衡必然是每个厂商保留前一期的创新结果，目的在于获得领先优势。Matutes、Regibeau 和 Reckett(1996)表明知识产权的宽度对创新的快速披露有着重要影响，而知识产权的保护期限对信息披露没有影响。Aoki 和 Spiegel(1998)在一个两阶段创新的理论模型中表明，尽管 1999 年法案导致了较少的创新和专利应用，但发现的创新反而更容易被发展且引入产品市场，潜在地导致了总的社会福利的增加。寇宗来(2004)考察了专利保护宽度对累积创新的厂商信息披露决策的影响。结果发现，强的宽度有利于信息披露，但宽度对社会福利和技术进步的影响是近似的“倒 U 形”。

3.3 软件保护的原因

软件产品寻求知识产权制度保护的根本原因是在于日益显著的全球软件侵权问题。软件侵权被定义为计算机软件未经授权的复制，是版权侵权的一个组成部分(SIIA,2000)。而 Moores 和 Dhillon(2000)则将软件侵权定义为未经授权的使用、复制、分配或销售软件。根据 BSA(Business Software Alliance，商业软件联盟)的分类，软件侵权可以分为以下几类：第一，最终用户复制，即消费者在未经原版厂商许可的情况下向其他最终用户或厂商进行拷贝;第二,销售或分配非法复制的软件,包括伪造产品,伪造是指非法拷贝和分配仿冒原版的软件;第三,下载:从互联网上制作复本。

软件侵权已被认为是当今软件产业中最严重的问题。据 BSA 的报告,全球的盗版率 2001 年为 40%,2002 年维持此水平,2003 年下降到 36%。按地区划分,亚太地区的软件盗版率为 53%,损失总额 75 亿美元;东欧的盗版率为 71%,损失 21 亿美元;西欧的盗版率为 36%,损失 96 亿美元;北美市场盗版率为 23%,损失 72 亿美元。按国家划分,中国与越南最为猖獗,高达 93%,其次是乌克兰(91%)、印尼(88%)、俄罗斯(87%)。最低的是美国(22%)、新西兰(23%)、丹麦(26%)等国家。从盗版金额来看,美国最严重,损失高达 65 亿美元,其次是中国(38 亿美元)和法国(23 亿美元)。需要注意的是,如果信息产业飞速发展的国家不控制盗版率,那么全球的软件盗版率还会继续上升。

3.3.1 软件侵权的理论模型

在研究软件侵权问题的过程中,有一个现象越来越引起经济学家的关注,就是软件的生产商逐渐减少对软件产品的技术保护,并在一定程度上允许和容忍盗版,有目的、有条件地选择打击力度。这使许多经济学家开始思考:究竟软件侵权使原版软件厂商受损了吗?侵权又是如何影响原版厂商利润的?因此,近期的文献都试图从网络外部性这个软件的经济学特征来研究软件侵权,探讨网络外部性如何影响软件厂商的利润。在这些文献中,基本形成了两派对立的观点:一部分学者认为当网络外部性足够强时,软件侵权会增加软件厂商的利润,因此厂商的最优策略是允许和容忍盗版;另一部分学者认为侵权未必能增加厂商利润,有可能减少厂商利润,因此阻止盗版是厂商最优策略。另外,还有一些学者从软件定价的角度来研究软件侵权,把侵权作为一种价格歧视的手段,从而开辟了软件侵权理论研究的又一新思路。

1.厂商的容忍侵权策略

Conner 和 Rumelt(1991)、Takeyama(1994)、Sliver 和 Bernhardt(1998)都是在完全垄断的市场中讨论该问题的。Conner 和 Rumelt(1991)是最早研究此问题的学者。他们认为软件侵权会减少合法销售产品的零售需求，但另一方面，它也会增加产品的用户基础的规模。因为用户基础能决定学习成本和产品的兼容性，所以侵权会增加产品的价值。对于软件厂商来说，侵权一方面直接减少销售，而另一方面通过增加产品价值而获利。在这两个侵权的效应中，Conner 和 Rumelt 认为厂商增加保护防止盗版对生产者和消费者都有害。因为在网络外部性很强的条件下，不允许侵权只会将侵权者排除在用户以外，而不会使侵权者购买，所以运用不保护策略可能是最优的。在他们的模型中，无网络外部性时，单个个人 i 的选择是：

当 $P \leqslant \min(V_i, C_i)$ 时，购买软件；

当 $C_i < \min(V_i, P)$ 时，侵权；

当 $V_i < \min(C_i, P)$ 时，不用。

其中，P 是软件价格；$V_i = T_i - L_i$（V_i 是从软件中得到的净价值，T_i 是总的使用软件的价值，L_i 是购买之后的成本，包括学习成本和软件客户化成本）；C_i 是侵权成本。当网络外部性存在时，个人 i 会选择：

当 $P \leqslant \min(V_i + f_i(U), C_i - g_i(U))$ 时，购买软件；

当 $C_i - g_i(U) < \min(V_i + f_i(U), P)$ 时，侵权；

当 $V_i + f_i(U) < \min(C_i - g_i(U), P)$ 时，不用。

其中，$f_i(U)$ 是当只有 U 个软件使用者时，带来的购买后成本的减少；$g_i(U)$ 是侵权成本的减少，因为当有更多使用者时，软件厂商更难发现侵权。他们的整篇文章都是围绕着软件侵权的厂商最优策略展开的。他们认为，即使厂商通过技术保护的成本为 0 时，不保护的政策可能是最优的。当然这是建立在网络外部性很强的假设前提之上的。有三个条件会使网络外部性很强：一是软件很复杂、很难被掌握；二是软件需要和允许广泛的用户客户化；三是软件适用于多用户的数据处理器或正式的网络。

Takeyama(1994)认为，当网络外部性存在时，侵权不仅导致利润的增加，还会同时导致社会福利的帕累托改进。虽然在短期中侵权造成利润低于无侵权时的情况，但在长期中有侵权时的厂商利润会高于无侵权时的情况。她认为未经授权的复制活动有效地使软件厂商在不同等级的消费者中实行了价格歧视。她将软件用户分为两组，分别为 H 组和 L 组。每组对软件都有保留价格 $V_i(X^N)$。其中，X^N 使两组消费者总人数在相同的网络规模中，H 组的软件价值高于 L 组的，即 $V_H(X^N) > V_L(X^N)$。可见，她的研究是基于这样的假定：软件的价值对用户来说，只决定于网络的规模大小。

Katz 和 Shapiro(1985)、Farrell 和 Saloner(1986)都认为软件的价值应包括独立于网络的收益和网络收益两部分。从这个角度看,Takeyama 的结论扩大了网络外部性的效应。Bruno Chares 和 Frederic Deroan(2003)在 Takeyama 模型的基础上进行了扩展,将软件产业中软件厂商允许的策略性侵权,作为存在学习成本时的一种跨时期的价格歧视手段。侵权是一种激励消费者投资人力资本的方式,这会增加他们的支付偏好,使厂商提高价格。而且,侵权的存在会引致一个更有效的跨时期的价格歧视。

Sliver 和 Bernhardt(1998)将用户分为商业用户和家庭用户两类,他们认为网络外部性对商业用户比家庭用户更重要。另外,商业用户有较高的支付意愿和侵权成本。在此基础之上,他们还发展了 Katz 和 Shapiro 的观点,构建了一个两阶段动态的博弈模型。假定只有商业用户面对网络外部性时,存在以下情况:

$$V_B(N,\alpha) = \alpha + \theta N$$

$$V_H(N,\delta) = \delta$$

其中,V_B 代表一定商业用户 α 对软件的评价;N 是总的用户人数;θ 描述了网络外部性,$0 \leqslant \theta \leqslant 1$;$V_H$ 代表家庭用户 δ 对软件的评价。他们认为存在一个网络外部性的重要程度,只有当网络外部性超过这个程度时,软件厂商允许家庭用户侵权才会得到较大利润。

与前述文献不同的是,Shy 和 Thisse(1999)是在双寡头市场中来分析软件市场侵权问题的。他们将网络外部性模型嫁接到 Hotelling 空间竞争模型里,在该模型中有两个不同的软件 A、B,分别由不同厂商生产,定价为 P_A 和 P_B。另外,用户对两种软件评价也不同。选 A 的占 χ,$\chi \in (0,1)$;选 B 的占 $(1-\chi)$。用户对购买后的服务采取的态度也不同,支持导向的用户从软件厂商提供的售后服务中得到额外效用,相反,支持独立的用户无法得到额外效用。用户的效用可以描述为:

如果购买软件 A,用户效用为:$-\chi + \mu n_A - P_A + \delta_i$;

如果盗版软件 A,用户效用为:$-\chi + \mu n_A$;

如果购买软件 B,用户效用为:$-(1-\chi) + \mu n_B - P_B + \delta_i$;

如果盗版软件 B,用户效用为:$-(1-\chi) + \mu n_B$;

如果不使用软件,用户效用为 0。

其中,如果客户是支持导向的,$\delta_i = \sigma$;如果客户是支持独立的,$\delta_i = 0$。μn_A 和 μn_B 代表每个厂商各自的网络外部性。P_A 和 P_B 是软件 A 和 B 的价格。他们认为当网络外部性很强时,允许侵权是一个均衡解。这个结论与前述文章在完全垄断的条件下得到的结论相似,都认为在网络外部性足够强的情况下,侵权会增加厂商利润。

2. 厂商的阻止侵权策略

Tze 和 Poddar(2002)在完全垄断市场中发展了一个特殊的模型,认为当网络外部性很强时,保护对厂商来说是最优的。同时,他们指出当网络外部性存在时,厂商保护软件的激励甚至高于无网络外部性时。在他们的模型中,无侵权时消费者的效用是:

如果购买正版软件,$\mu' = \chi + \theta D'_{NP} - P'_{NP}$;

如果不使用,$\mu' = 0$。

其中,θ 是网络外部性的程度,$\theta \in \left[0, \frac{1}{2}\right]$;$D'_{NP}$ 是软件需求;P'_{NP} 是软件价格。当存在侵权时,消费者的效用可定义为:

如果购买正版软件,$\mu' = \chi + \theta D'_o + q\theta D'_p - P'_o$;

如果购买盗版软件,$\mu' = q\chi + q\theta D'_o + q^2\theta D'_p - P'_p$;

如果不使用,$\mu' = 0$。

其中,q 是侵权概率;D'_o、P'_o 和 D'_p、P'_p 分别是原版和盗版软件各自的需求和价格。他们指出在这样的条件下,厂商保护自己的产品是最优的策略。另外,他们还比较了与前一类文献的差异,并认为如果结果的得到主要是依赖于模型的初始假定条件,那么没有一个模型可以被认为是对现实世界中真实情况的一般解释。

Poddar(2002、2003a、2003b)又连续撰写论文深入讨论此问题。Poddar(2002)构建了一个存在网络外部性加强效应条件下的软件侵权模型,表明保护而不是允许侵权对原版软件开发商来说才是真正的最优策略。他还认为存在网络外部性时的对保护的激励比不存在网络外部性时更高。他在论文的后一部分研究了软件侵权的概况及对全球的影响,并运用比较分析的方法对不同国家、不同地区进行了比较分析。Poddar(2003a)观察到一些市场(国家)侵权现象十分猖獗,而另一些市场(国家)侵权现象较为罕见,对此他发展了一个简单的经济模型来解释这些现象。在这个模型中,他假定市场中只有一个原版厂商或零售商和一个侵权者，消费者的效用函数如下所示：

如果购买原版软件，$\mu = \chi - P_o$；

如果购买盗版软件，$\mu = q\chi - P_p$；

如果都不发生，$\mu = 0$。

其中，χ是消费者的连续群指数，$\chi \in [0,1]$，代表了消费者对软件的评价程度，是消费者支付意愿的决定量。χ越高，评价越高。P_o、P_p分别为原版软件和盗版软件的价格。他发现侵权的发生是有条件的：当侵权成本不太高（这主要依赖于法律环境）并且盗版的复本适度的可靠与原版有适度的区别时，盗版就会在市场中存在和发生。Poddar(2003b)将侵权分为最终用户侵权和商业侵权。他认为在最终用户侵权模型中，尽管软件市场存在强的网络外部性，但对于原版软件开发商来说选择充分保护软件是最优的策略。在商业侵权模型中，对于原版厂商来说保护要成为最优选择，必须依赖于以下三个条件的成立：一是软件市场中网络外部性的程度；二是潜在软件用户的收入分配情况；三是市场上的盗版软件的质量和可依赖程度。他认为，在大多数情况下无论是何种侵权，对原版软件开发商来说最优策略都是保护自己的产品。

另有 Blackburn(2002)认为，在完全垄断的条件下，边际网络外部性是决定厂商利润的关键要素。他沿用了 Katz 和 Shapiro(1985)的模型来描述消费者效用。

购买者效用：$\mu' = r + V(S^E) + W(N^E) - P$。

其中，$V(S^E)$代表从软件中得到的网络效益；$W(N^E)$代表从软件互补品中得到的网络收益，因为互补品市场规模与软件市场规模相关。他将模型进一步改进为：

如果购买正版，购买者效用为：$\mu = r + V(S^E) + W(N^E) - P$；

如果盗版软件，复制者效用为：$\mu = \alpha[r + V(S^E) + W(N^E)]$。

其中，α代表侵权程度。如果边际网络外部性$[V(S^E) + W(N^E)]$足够强时，减少保护（α减少），厂商会增加利润。但随着边际外部性的减少，厂商应增加保护，而且他认为随着软件市场的不断成熟，生产者只会逐步增加保护，这主要是因为市场成熟后，网络变大，边际网络外部性变小。Bae 和

Choi(2003)设计了一个软件侵权的简单模型,并分析了软件侵权对于软件适用的短期影响和对于软件开发激励的长期影响。他们主要考虑了与侵权有关的两种类型成本:再生产成本是恒常的;软件退化成本是与原创产品的消费者估价成比例的。他们认为侵权的效应并不确定,主要依赖于侵权成本的特性和属性。

寇宗来(2000)认为软件盗版是对软件开发者知识产权的侵犯,但盗版不仅没有因违法而销声匿迹,还在各国更为猖獗。他试图解释此现象,通过建立一个博弈论的分析框架来剖析盗版存在的内在逻辑。他认为盗版存在的原因是,建立软件产权体系的高成本使开发者或政府无法充分监督和落实开发者对软件的排他性产权。因此,在泰勒尔(1988)纵向差异模型的框架下,他建立了一个包括消费者、正版和盗版厂商以及政府在内的动态博弈模型。博弈的顺序是:第一阶段,正版厂商投入固定成本开发出软件,随之盗版厂商对其进行盗版;接着,正版厂商和盗版厂商按照消费者的类型分布进行双寡头伯特兰价格博弈。第二阶段,政府按照其效用决定对盗版现象的打击力度。结果表明,根据制造和使用盗版软件被发现的难易程度,盗版要么稳定存在,要么时有时无。吴澄秋和石磊(2000)在 Hotelling 模型中不仅分析了存在盗版的情况下盗版软件和正版软件的价格、需求和正版厂商的利润,还分析了不存在盗版的情况下正版软件的价格、需求和正版厂商的利润,试图从经济学的角度解释:盗版降低了正版软件的价格、需求和正版厂商的利润,降低了正版厂商 R&D 投资的积极性;盗版导致了消费者剩余的增加。同时他们还得出:在发展中国家,盗版导致社会总福利的增加;而在发达国家,盗版导致社会总福利的减少。

3.厂商的软件定价策略

有一部分文献主要探讨的是定价策略与软件侵权和复制行为的关系问题。Chen 和 Png(1999)认为软件复制的激励依赖于开发商的定价策略和监督策略,而开发商的策略又主要取决于侵犯版权的惩罚程度和复制的成本。结果表明定价和监督策略的变化对潜在用户有不同的影响。两者都会影响用户在复制和购买之间的选择。只有监督策略减少了复制者的预期收益,影响了用户在复制和不使用之间的选择。然而,社会能够从定价策略打击盗版而不是监督策略打击盗版中获得好处。Crampes 和 Laffont(2002)分析了软件侵权对软件开发商定价策略的影响。与现有的文献相对,他们关注的是在决定使用非法软件包时的随机成本带来的结果和风险厌恶型用户的行为。得到的结论是，侵权在短期内有正的社会效应，但在长期内是非常有害的，因为它限制了销售者开发新产品的可能性。

另外一些文献讨论了具体的定价策略，其中包括撇脂定价、掠夺性定价、差别定价、动态定价等方法和多阶段定价。Nascimento 和 Vanhonacker(1988)探讨了消费者通过购买或复制的途径都可获取的耐用品(如计算机软件)的定价策略问题。因为侵权复制会导致机会的损失，所以它对利润的负效应对于定价策略十分重要。他们运用二元的扩散模型，得出了垄断市场中的最优定价策略。结论是：(1)在无任何保护的情况下，撇脂定价策略一般是最优的；(2)只有当销售的扩散快于复制且保护技术不会明显提高边际生产成本时，版权保护才会被采用。该文章还运用实证研究方法来检验理论模型，说明在计算机软件市场中，撇脂定价策略是被广泛采用的最优定价策略。Peter Buxmann(2000)研究了当标准软件市场存在网络效应时，标准软件卖主的定价策略。他特别分析了在怎样的条件下，掠夺性定价能被认为是一种有用的策略。他的结果主要是基于一个仿真模型，此模型提供了研究可供选择的定价策略对软件系统分配产生影响的可能。此外，该文还提供了一些关于用户方面的实证结果。主要结论如下：(1)可供选择的标准软件系统的安装基础越大，掠夺性定价越重要；(2)网络外部性越强，掠夺性定价对新卖主越重要；(3)如果可供选择的标准软件系统范围很广且有强的网络效应，那么即使是采用"额外支付策略"来构建安装基础也是有用的。Katz(2002)提出软件产业经常把侵权当作一种盗窃行为，认为它会导致较大的损失。但软件厂商自身又不去通过技术方法来保护软件不受侵权。这种保护的缺乏令人迷惑，因此该文就致力于解释这个谜团。他认为不保护软件是厂商的一种赢利性策略。这主要基于以下几方面因素：第一，跨部门的价格歧视会使低端客户不购买软件，而存在于软件市场的网络效应能使软件最迅速和最广泛地传播，扩大网络价值，加速市场变化，使其更有利于大厂商，从而形成更高的进入壁垒。文章分析了这种隐性价格歧视对于显性价格歧视的优势以及抱怨被侵权对于阻止侵权的优势。第二，多阶段动态定价。在第二阶段，由于"锁定"现象的原因，软件厂商能够"套牢"前面的侵权者，并让他们面对法律的威胁，然后对其收取高价。第三，通过制造更高的进入壁垒将侵权作为维持垄断地位的手段，这类似于策略性或掠夺性定价。虽然根据版权原理,每一个侵权的复本对版权所有者来说都是一个净损失,但根据网络理论,一定程度的侵权可以随时间从其他用户那得到更高的收入。干春晖和钮继新(2003)认为信息产品的特性要求产品定价依据从边际成本转向消费者支付意愿,但消费者对信息产品的支付意愿往往差别很大。这就要求供应商通过产品差别化与差别定价获得尽量多的消费者剩余,从而保证收回成本,实现利润最大化。信息产品特性和网络市场的技术特征决定了差别定价将是网络信息产品市场的主要定价模型。该文章主要介绍了版本划定和捆绑销售等差别定价模型在网络信息产品市场的应用。杨奕农(2004)指出个人电脑所使用的软件具有网络效应。此消费者的外部经济性质会导致厂商竞争策略发生变化,有别于传统经济学分析的结果。他从动态控制理论出发,探讨当产品具有网络效应时,软件寡头厂商应采取动态定价策略,且在动态过程中采取先低后高的定价策略。同时文章还分析了厂商应在何时推出更新版的软件才会使厂商获得更大利润。

3.3.2 软件侵权的实证研究

不少学者通过调研等途径研究了世界各国影响侵权的因素。如Cheng、Sims 和 Teegen(1997)探究了单个消费者盗版软件的原因,同时也分析了个体购买正版软件的激励。通过更好地理解个体购买和侵权的决策原因,有助于政策制定者采取有效措施控制软件版权问题。他们归纳出了盗版软件的九大原因,并运用实证分析,讨论了各个原因对侵权盗版率的影响。九大原因依次为:"软件太昂贵"、"只想试验一下软件"、"负担不起软件"、"只用很短时间"、"极易复制软件"、"新版本很快就出现"、"被逮住的可能性很小"、"认识的大多数人复制软件"、"软件许可限制太多"。同样,他们也得出了购买正版软件的十大理由:"研究工作或工作场所要求"、"需要长期使用软件"、"指导手册的获取"、"法律规定"、"遇到问题时有技术支持"、"学校和公司的政策规定"、"没发现其他人拥有此软件"、"不需要担心计算机病毒"、"及时得到更新消息"、"自己拥有软件名声较好"。该研究还发现居民收入与"负担不起软件"这项原因有显著关系,而与其他原因没有显著关系。因此,软件定价应该以潜在购买者的居民收入为依据,这样才能够减少消费者侵权的倾向。Al-Jabri 和 Abdnl-Gader(1997)研究了沙特阿拉伯的个人和相同的信仰对软件版权侵权的影响。通过建立实证模型，他们探讨了发展中国家的信仰等伦理文化问题对软件盗版程度的影响，分别以行为的目的、对等的信仰、个人的信仰为变量进行计量研究。结果发现，个人和对等的信仰对伦理倾向或软件的版权侵权有显著影响，并讨论了这些结果的应用。

部分的实证文献主要是围绕着各种因素，如收入、技术进步、保护程度等对侵权率的影响。有许多学者研究过收入与侵权率呈现的负相关关系，其中包括 Burke(1996)、Husted(2000)、Marron 和 Steel(2000)、Ramello和 Silva(2000)、Gopal 和 Sanders(1998)、Cheng(1997)等。一般都认为经济发展程度越高，非法活动替代合法活动的可能性越小。Hogenbirk 和 van Kranenburg(2003)研究了 39 国数据得出收入与侵权率有显著负相关的结论，同时也研究了版权保护与侵权率的关系，表明强保护导致低的侵权率。Kurtz 等人(2002)运用时间序列分析发现，人均收入与一国侵权率有负相关关系。Marron 和 Steel(2000)、Kart(2002)等都研究过 R&D 对侵权率的影响。Marron 和 Steel(2000)研究表明，经济发展程度(用市场规模或收入来衡量)越高，侵权发生的概率越小。高人均收入国家的产权和合同制度保护强，因此导致低的盗版率。Ginarte 和 Park(1997)强调，经济发展状况如研发、市场自由度、开放程度是产权制度的重要变量，市场规模的影响十分明显。总的来说，盗版率一般在小国较高，但是尽管侵权率在高收入国家较低，但总的收入损失却很高。Gallegos(1999)表明互联网的软件侵权明显增加，这主要是因为上网人数的激增以及技术的进步，使人们接入互联网更容易、速度更快，不再像以前的盗版软件还需要物质的传播介质。互联网使盗版软件非常容易地从一台主机传到另一台主机上。类似地，Ostergard Jr.(2000)也强调技术进步导致了复制方法的简单化。Andros(2002、2003)研究了软件保护与侵权率的关系。他运用时间序列分析对 24 个欧洲国家在 1994 年、1997 年和 2000 年的数据进行分析，并找到一种全新的测量软件保护程度的方法。在计量模型中，侵权率是独立变量，而解释变量包括人均 GDP、软件保护指数、R&D 支出占 GDP 的比重、年龄大于 25 岁以上人口的平均受教育年限、自由化程度。基本模型如下：

$$y_{it} = \chi'_{it}\beta + z_{it}\gamma + \alpha_i + \varepsilon_{it}$$

其中，i 代表国家；t 代表年份；y_{it} 是侵权率的自然对数；χ_{it} 是各国各时期的解释变量向量；z_{it} 是其他可能会影响侵权率的回归量；时间的不变估计效应 α_i 控制着一些未观测国家的固定效应；ε_{it} 是随机干扰项。估计的结果表明，人均实际 GDP 对侵权率有显著的负相关关系，估计参数为－1.54，t 统计是－9.20，软件保护程度的系数也是负的，且很显著。由此可以得出结论，软件的弱保护会增加侵权率，人均收入对侵权率有显著负作用。

此外，还有一类文献研究的是侵权对软件销售和厂商利润影响的实证分析。Givon、Mahajan 和 Muller(1995)分析了软件侵权对软件合法传播的影响。他们的结论和实证结果都确证了 Conner 和 Rumelt(1991)的分析结论。他们认为对于一定类型的软件，客户与潜在客户的口头交流对于增加用户群是十分重要的。侵权对于在软件生命周期中创造购买者起到重要作用。他们通过对英国的电子制表软件和文字处理软件传播的实证研究发现，从 20 世纪 80 年代后期到 90 年代初，每 7 个软件用户中有 6 个是侵权复制者；另一方面，侵权对潜在用户采纳此软件有重要影响。实际上，80％以上的这两类软件的销售额都是由侵权产生的，所以利用侵权积极影响，延迟保护的引入是较好的。Gopal 和 Sanders(1997)指出常规的观点认为减少侵权会迫使消费者通过合法途径获取软件，因而增加厂商利润。他们发展了一个模型来检验这些反侵权的措施对厂商利润的影响，结果表明预防性的控制减少利润而威慑性的控制能增加利润，并且提供的实证结果也支持分析模型的结果。Hogenbirk 和 Kranenburg(2001)研究了与美国版权相关的四个产业：商业软件应用产业、音像音乐产业、图像视频产业和娱乐软件业。他们考虑了各国的四组变量，包括经济发展和稳定程度、法律问题、贸易关系和相关商品的渗透性，然后进行回归分析，从而得到了一系列关于侵权率和侵权经济损失的决定量的结论。他们发现在所有国家中，大的市场份额尽管导致低的侵权率但会导致高的损失额，且对于所有国家来说，一国的信用价值越高导致的盗版率和损失都越低，但商业应用软件的侵权情况例外。他们的结果还表明侵权在世界不同的地区的差异，并且证实了东欧的娱乐软件盗版率相对较高。因此，他们建议 IIAP(国际知识产权联盟)在实现知识产权保护时，既要重视侵权率高的国家也要注重那些虽然侵权率低但实际经济损失大的国家。

3.4 软件保护的形式

软件保护的具体形式包括知识产权制度、一般的产权制度(如奖励、报酬与合同)以及开源软件的保护问题。

3.4.1 知识产权保护制度

自1960年美国正式接受计算机软件的版权作品登记,1966年英国专利局同意授予一个包括求解方程程序的计算机软件为专利,1965年前联邦德国奥尔斯莱格(H. Ohischlegel)在《工业产权和版权》杂志上发表了《计算机程序应当和可能受到保护吗?》一文,国际上有关软件保护立法的研究与实践就一直没有停止过,许多经济学家就此问题进行了深入的探讨。

Keneeth W. Dam(1994、1995)连续撰文从经济学的角度考察了软件的知识产权保护问题。Dam(1994)认为,把经济学分析的方法运用到特殊产业(如软件业)的知识产权保护问题的分析中是必需的试验性工作。因为这样可以得到一些相对明确的结论:第一,现存的版权法和专利法提供了一个较好的具有经济效率的保护体系;第二,现在运用的版权法充分解决了合适性问题,而且没有导致垄断或寻租问题;第三,版权法为保持今天的创新和明天的创新之间的平衡提供了理想的基础。这些观点之前在研究软件问题的法学文献中几乎没有出现过。软件相关发明的专利保护与软件版权在覆盖的范围上有明显的差异。软件相关专利虽然符合经济意义,但是在PTO的管理之下,今天创新与明天创新的平衡无法达到,这是因为有太多无效的专利。第三种可供选择的方法是特殊立法保护。通过对计算机集成电路1984法案的经验研究和立法司法竞争的一般思考,提出了对特别立法保护方式的合理性的质疑,并同时调查了近期的数据。Dam(1995)讨论了知识产权的经济原理在新技术领域内——主要是计算机软件和生物技术的应用。知识产权制度也是限制在版权和专利两类上,没有考虑其他形式。在他看来,专利保护软件和生物技术不应讨论究竟是需要还是不需要的问题,而是应该讨论在怎样的情况下,软件和生物技术满足新颖性、实用性和非显著性的标准。同时,关于版权他认为用版权保护软件的立法决定是必须保证的。Graham和Mowery(2003)研究了美国计算机软件产业的知识产权政策和争议。文章从讨论美国软件业的发展历史开始，强调了正式的知识产权的角色、结构和重要性是如何随着产业的发展而变化的。他们还提供了关于1980—1990年软件专利占专利总数的比重，并发现申请专利的都是特殊的软件包厂商。这些发现都证明了“专利倾向”的发生，为厂商专利的重要性提供了证据，也说明在1980—1990年之间保护软件的制度形式重心已从版权形式转向软件相关的专利保护。他们还在结论中讨论了这些分析的政策应用。李纲和陈颖(2002)提出如何对计算机软件进行知识产权保护的问题已引起全社会的广泛关注。同时，软件的知识产权保护也会带来一定的社会成本。文中主要介绍了计算机软件保护的综合法律体系，并指出适宜的知识产权法必须平衡对创造者的补偿和消费者的利益，平衡软件保护的社会收益与社会成本，最后提出了一些构想和建议。

1972年，菲律宾率先把计算机软件列为版权保护的对象，之后，美、英、法、日等国也先后修订版权法，将软件纳入版权保护对象之中。同时也有一些国家采用专门法保护，如保加利亚和韩国等。在国际公约方面，1994年的TRIPS协议和1996年的《世界知识产权组织版权条约》都将软件纳入知识产权保护范围，并把软件与版权领域中最具影响力的《伯尔尼公约》相联系。虽然目前版权制度仍是软件保护的主流模式，但从美国近年的判例不难发现，软件的可专利性问题日益凸现，成为法学界关注的焦点。对于计算机软件应该属于作品受版权保护，还是应该属于发明受专利保护的争论也更趋激烈。与此同时，部分学者又提出了用其他的知识产权形式，如特殊权利(特别立法)、商业秘密等保护形式。

1. 程序是作品：软件的版权保护

David D. Friedman在皮特·纽曼主编的《新帕尔格雷夫法经济学大辞典》的“computer law”这个词条中指出，形式为源代码的计算机程序，即计算机程序编写员编写和修改的版本，外观类似作品——这是支持将计算机程序纳入版权法的一个理由。版权法保护思想的表达形式，不延及思想本身。对于软件，主要是软件程序，可人读和机器执行的相关手册符合软件保护的条件，但方法和运算法则不受保护，源代码和目标代码受保护不允许书面复制。另外，非书面的因素在美国版权中也受保护。因此，现在的美国版权法保护的软件至少从这方面看，可以更宽于其他国家。

Breyer(1970)较早地关注了计算机软件的版权保护问题。当时国会正想要修改 1909 年的版权法案，Breyer 教授就为此进行了研究并提出建议。他讨论了书籍的版权保护的道德和经济原理，并拓展到增加保护种类和扩大保护范围，将影印和软件都纳入版权保护的范围。在当时现有的证据下，他无法得出关于旧的版权法是否应该废止的结论，但他认为版权法的这种拓展是不必要的，也是有害的。也就是说，计算机软件在当时不应该接受版权保护。Barry W. Yerman(1971)还对 Breyer 的观点作了回应。Warren-Bonlton 等学者(1994)提供了版权在保护软件中的适合角度的经济分析。文章定义了软件市场的关键的经济条件，包括软件开发和分配的成本条件以及网络外部性。他指出其论文目的不是在于给出软件的版权保护的最优程度，而是寻找适合的保护边界。并且他认为过度保护的标准应该是“保护软件是否使社会的其他成员的条件变差”，即“是否版权所有者垄断租金大于版权保护软件增加的总福利”[①]。在这个最适边界的分析中，他提出了三个需要注意的方面：一是版权保护不能延及事实标准(de facto standards)；二是软件的界面规格(interface specification)不能受版权保护；三是软件的反向工程(reverse engineering)应该被允许。最后他还列举了两个与这些原则一致的案例：一个是直接竞争者的案例，另一个是互补品厂商的案例。Larry D. Qiu(2003)发展了一个模型来研究法律环境在软件生产组织过程中的应用，表明合同实施的组织形式有以下两种：一种是内部的(in-house)，即纵向一体化；另一种是外部的(outsourcing)，即通过采购合同。不同的组织形式对客户化软件发展的影响也不同。同时版权保护决定了另一种形式的软件即软件包的引入。当版权保护是弱的时候，只有客户化软件被开发；当版权保护为强的时候，所有的软件包(包括客户化软件和软件包)都被开发。

关于软件的专利保护与版权保护的比较，仍然是一个未解决的问题(Menell(1989)、Sumner 和 Lundberg(1989))。Besen 和 Raskin(1991)对美国版权法作了明确的描述。在许多国家中，计算机软件是由版权法保护而不是由专利法保护的。专利保护的是思想在机器、方法、物质形式上的应用，版权保护的是思想的表达。对软件的专利保护会导致算法的过度保护，进而提高后续创新成本，抑制创新。对软件生产商来说，在开发生产销售软

---

① 实质上是帕累托最优标准。

件产品之前,要忍受耗费时间和成本的专利搜寻工作。Waterson 和 Ireland(1998)研究了数个厂商一起为了获得后续潜在运用的一个基础思想的知识产权而竞争的情况。他们运用的是 n 个竞争者的拍卖模型的方法,发现厂商只把自身效用考虑在内时,得不到福利的最大化。在他们看来,软件这类产业从社会最优角度看用版权形式保护比专利形式保护要好。Watt(2004)认为,知识产权从一开始就分成了两个分支——专利和版权。专利保护思想,版权保护思想的表达。尽管知识产权的这两个方面在产权的获得上有所不同,但为什么要区别对待它们呢?在他的文章中,不仅考察了专利和版权的基本差异和一些传统的解释,而且还通过构建经济模型,用经济学的角度推论出区别对待两种知识产权的原因。

2.程序是发明:软件的可专利问题

David D. Friedman 在"computer law"的词条中又指出:"一台编程的计算机是一台机器,而程序就是你如何使用它。一项单独的发明可以按照不同的形式完成,同样地,一个单独的程序可以在不同的计算机上运行,其实现的思想也有多种形式。因此,将一个程序——更准确地说是嵌入程序的思想——视为可授予的专利似乎是理所当然的事。"目前来看全世界半数以上的国家逐渐倾向于用专利保护与软件相关的发明,这是世界范围内的一个趋势(Fenwick & West LLP 2004 年报告)。一些软件产业公司,包括许多个人程序设计者,却强烈反对这一做法。于是,关于软件的可专利问题,围绕以下几个方面展开了讨论:

(1)最优专利政策

最优专利政策问题涉及专利的长度即保护期限,以及专利的宽度即保护范围。专利期限的最早思想见于 Nordhaus(1969),他解释了为什么专利或其他知识产权应该是一个有限的期限。原因在于存在创新和福利损失的两难问题。Merges 和 Nelson(1990)将专利保护期限视为专利权人垄断力量的持续时间,并结合保护的宽度来研究专利保护范围。讨论专利保护范围的研究必须提到 Gilbert 和 Shapiro(1990)的论文。他们将专利的宽度量化为企业的年利润流量。在企业净利润不变的前提下,对专利保护期限和宽度进行适当的搭配,从而实现社会福利的最大化,得到的结论是"窄范围"和"长期限"的专利政策。Klemperer(1990)和 Gallini(1992)表明在某些条件下,"宽范围"与"短期限"的组合也可以是最优的。Denicolo(1996)对专利的最优长度和宽度的混合策略作了整理。Maurer 和 Scotchmer(1998)也从模仿成本的角度探讨过此问题。Takalo(1998)构建了一个模仿者决定溢出水平的最优行为模型,发现宽度增加会选择专利保护,长度增加可阻止溢出。在溢出水平低时,长度与宽度是替代的政策工具;当溢出水平高时,长度和宽度是互补的。如果限制有效政策的范围,创新者会选择将创新作为商业秘密加以保护。Takalo(2001)发展了一个独特的模型,它能够包容一系列不同的结论,从而得到最优专利政策的一般结论。

当专利保护范围研究置于连续性创新的框架下,研究又得到了进一步发展。Scotchmer(1991)认为,发明在受专利保护后,会对后续发明产生三种影响:一是不采用在前的专利,后续专利无法产生;二是在前专利可以降低后续发明的成本;三是节约后续发明时间。因此如果专利制度保护过高,过分保护在前发明会抑制后续发明者的积极性,那么整个社会选择从事基础性的研究;如果保护范围过低,社会选择从事实用性的研究。Green 和 Scotchmer(1995)以及 O'Donoghuo、Scotchmer 和 Thisse(1998)在此方面都作过补充研究。Aoki 和 Hu(1996)由于法律实施的不完全认为专利保护宽度依赖于具体的法律制度环境。Aoki 和 Spiegel(1999)进一步从专利诉讼的角度对累积创新下的专利保护宽度给出了解释。Cohen 和 Lemley(2001)将专利的范围问题应用到了软件产业中。他们认为现在较多的文献都集中在是否给予软件专利保护的问题上,如 Dennis S. Karjala(1998)、Asamenl Oddi(1994)、Pamela Samuelson(1994),而他们研究了传统专利法关于创新原则在软件产业的运用。如果专利法是用于提升而不是阻止新市场的增长,则专利法需要改进。这个新市场是以后续创新、要素的再使用和再合成以及强网络外部性为特征的。特别的是,他们认为必须改进两类软件专利案件中的规则:第一,提倡一定的权利会对专利保护的软件实行反向工程;第二,考虑到软件产业创新的特殊性质,法院在侵权案件中应少用公平原则。

(2)专利联盟与专利的交叉许可

专利联盟(patent pool)是指由多个专利拥有者为了能够分享彼此之间的专利技术或者统一对外进行专利许可而形成的一个正式或非正式的联盟组织(Carl(2000)、Josh&Jean(2002))。它与专利的交叉许可(cross-licensing arrangements)有许多差别。第一,专利联盟只有一个独立的、统一的专利管理组织实体，它既可以是合伙制企业，也可以是有限责任公司。而专利交叉许可则只需两家公司达成一个许可协议，不存在组织实体。第二，专利联盟是由两个以上企业构成的，专利交叉许可仅有相互技术许可的公司（李玉剑、宣国良，2004）。Carl（2001）提出现代高科技的发展带来了专利丛林（patent thicket）问题，即在知识经济条件下，一些产品的生产需要得到许多的专利许可。他利用古诺理论，得出当专利联盟内的专利完全是互补型专利时，则专利联盟有利于竞争，增加社会福利；当专利联盟内的专利是竞争型专利时，那么专利联盟不利于竞争，会降低社会福利。Richard（2002）认为专利联盟内专利之间的关系是判断是否具有垄断性的重要影响因素，并通过建立一个专利联盟的评价模型对美国历史上的专利联盟进行了实证分析。Josh 和 Jean（2002）对专利联盟的垄断性问题做了系统的经济模型分析，结果表明专利的互补性越强，越有利于专利联盟的社会福利。Richard（2003）在累积创新的框架下提出专利联盟有利于鼓励创新。Daniel Lin（2002）关注的是专利联盟对高标准行业特别是软件产业的影响。文章表明美国专利系统的日本化会导致美国软件产业的日本化。特别是，当专利联盟导致更有效的标准软件的开发时，同时也会出现因开发与标准相适应的软件的激励而导致标准市场上的研究和开发的进一步延迟。同时他还探究了标准软件市场上的 MPEG-2 的专利联盟。

（3）软件专利的实证研究

Bessen 和 Hunt（2003）认为美国法律的变化使得软件相关发明得到专利更为容易。软件专利已经占所有专利的 15%，其中大多数专利是由制造厂商和大公司申请获得，只有 6% 是由软件设计者取得。经过回归分析发现这些专利与其他的不同，因为它们是“便宜”专利。他们还讨论了这类专利是否增加了 R&D 激励，结果发现软件专利替代了厂商 R&D，降低了 R&D 密度。总的来看，软件专利的使用会产生出策略性的专利丛林行为。Bessen 和 Hunt（2004）关注的是软件专利的经济效应。他们发现软件专利与程序的创造之间没有显著关系。大多数的软件专利是由软件产业以外的厂商获得的，并且软件专利占新专利份额越高的厂商，比其他厂商越不重视开发。这些都表明增加软件专利的易得性对 R&D 投资的激励并不像政策所说的那样，而是一种更为复杂的关系。总之，无法找到赞同常规看法的证据。常规的实证文献（Arora 等人（2003），Hall 等人（1986），Jaffe 和 Trajtenberg(2003))都认为 R&D 与专利正相关。Hahn 和 Wallsten(2003)在 Bessen 和 Hunt 模型的基础上,提出了模型在数据、分析方法和分析过程中的一些错误。

Hart、Holmes 和 Reid(2000)呈给欧盟委员会的关于美国软件专利情况的报告中的核心结论是计算机软件相关发明的专利保护与其他产业的专利保护的潜在效应一样,会产生正效应和负效应以及在两者中如何平衡的问题。考虑到软件产业的软件专利的连续性特征、网络效应和标准等特征,基本上有两种可能的途径:一是在此领域中专门制定适合的专利制度框架;二是谨慎的适用竞争法。Blind 和 Edler(2003)提出在欧洲与软件相关发明的专利问题是近期热点讨论的问题。由于这个问题存在一个争端:支持者认为美国允许软件专利,为增加欧洲的竞争力也应当采取专利保护;反对者认为这会对软件的开发过程产生负面影响。因此该文提出关于软件开发过程的实证研究成果,并检验了关于软件专利对软件开发的影响假定。

3. 其他知识产权制度

(1)特别立法保护

许多学者,包括 Thurow(1997)、Murillo(1998)、Stolpe(2000)、Nalley(2000)、Smets Solanes(2000)、Holmes(2000),都提出一种在技术特征上和市场特征上与版权和专利等知识产权制度有明显差异的权利,被称为"特别立法"(sui generis)保护。有些国家选择这种特别立法保护作为版权和专利保护的替代。特别立法保护最核心的概念就是对于经济活动中的特别领域的知识产权保护可以采用特别制定的立法方法来保护。Oz. E(1998)在对专利律师和公司的调查中发现,他们对该种知识产权框架广泛认同,但也有许多学者不完全同意用这种权利来保护软件(Dam,1994、1995),还有学者指出了这个复杂的制度可能存在的司法问题(Horns,2000)。

(2)商业秘密保护

商业秘密(trade secret)是指不为公众所熟悉,能为权利人带来经济利益,具有实用性并经权利人采取保密措施的技术信息和经营信息。经济学家在讨论软件的商业秘密保护问题时,常将其与专利作比较,研究两种制度对信息披露的激励作用。Cohen、Nelson 和 Walsh(2000)通过实证分析表明商业秘密是美国许多产业最经常使用的机制。张五常(1982)讨论了商业秘密作为保护创新方式的公共和私人优点。Lerner(2000)也研究了多种知识产权制度的选择，认为商业秘密对于小企业来说在R&D回报方面更为重要。Anton和Yao(1999)研究了专利和商业秘密在保护创新方面的差异。Denicolo和Franzoni(2000)分析了当创新依赖于商业秘密保护时的最优专利设计。另有Battacharya和Ritter(1983)、Green和Scotchmer(1990)、Ponce(2002)都讨论了商业秘密在保护中期信息披露和在多阶段专利竞赛中的情况。国内也有不少学者从经济学角度研究软件的商业秘密保护问题。如白兰君(2000)从软件和商业秘密的概念入手，运用理论和经验的方法，对软件和商业秘密的供求关系进行经济学分析，指出盗版行为弊大于利，因此必须健全法制，鼓励公共信息交流，适度低价推销正版软件，使软件和商业秘密真正得到保护。

3.4.2 报酬、奖励与合同

Arrow在其1962年的文献中只解释了为何建立一个激励创新的制度框架是必需的，但没有解释这个制度框架究竟是怎样的。虽然现在大多数的研究都集中在知识产权制度的讨论上，但是并不表明所有的经济学家都认为知识产权制度一定是一种有效的制度框架。所以有许多学者提出了各种制度，通过其与知识产权制度的比较，试图得出更有效的制度。在这些研究中，提到较多的制度有：报酬(reward)、奖励(prize)与合同(contract)。

Wright(1987)对政府奖励、专利保护和政府的采购合同这三种发明的激励方式进行了比较，指出三种激励方式各自的适用范围和适用条件，并表明三种制度都有可能是最优的，其主要取决于研发资源配置的条件，如信息、呆滞性保护损失、要挟问题等。在政府奖励制度之下，政府预先制定一个研发目标，并提供一笔奖金，将奖金授予最先研发成功的厂商。由于研发者和政府之间存在信息不对称问题，这使得这种奖励制度难以实施(Wright,1983)。政府必须能够了解各种研发项目的可行性，同时必须了解对各种潜在技术的需要，而这些信息对于企业来说要更为充分。在政府采购合同制度下，政府挑选出企业并与之签订合同，允许其从事某项研发项目。这种制度的一个优势在于可以避免不必要的重复研发。但要使此制度有效率，政府必须对研发投资的成本和收益拥有足够多的知识。另外，该文还提出了许多专利制度的不足之处:专利激励可能会因为相互要挟而导致技术难以实施;专利保护导致的呆滞性损失可能会高于奖励或研发报酬。因此,奖励或政府合同可能会优于即使是在最优保护期限下的专利制度。

Gallini 和 Scotchmer(2001)从累积信息问题和授权委托问题两个方面比较了知识产权制度与其他可供选择的激励制度,主要是奖励、固定价格的合同和拍卖。Llobet 和 Hopenhayn(2000)研究了在存有道德风险和逆向选择的情况下,通过比较奖励和专利制度得出最优的激励创新思想的机制。他们认为最优的机制有点类似于专利制度,但应该是一种无期限的、固定范围的专利制度。Shavell 和 van Ypersele(2001)比较了报酬制度和知识产权制度中的专利与版权。在报酬制度中,创新者接受政府的支付,与此同时创新立即进入公共领域。因此,报酬制度在激励创新的同时没有导致知识产权的垄断权利,但是报酬额的决定是一个难题。在他们的模型中,知识产权制度并不优于报酬制度。最优的制度应该是:创新者可以在报酬制度和知识产权制度之间进行选择的一种制度。Kremer(1997)认为政府应该通过一个拍卖过程以一定的价格购买专利,这样就可以避免专利制度的社会福利损失。这就是专利买断,专利一经购买,就可以立刻进入公共领域。Kremer 还列举了两个历史案例,其中之一为法国政府 1839 年购买了银板照相技术。此外,他指出这个制度中最棘手的问题就是合适的定价,但也提出可以用拍卖系统来决定创新的私人价格。

3.4.3 开源软件的保护

关于开放源代码软件(简称开源软件,open sourse software)问题的研究,在近几年掀起高潮。计算机的源代码是一种用可人读的格式来编写的程序指导,通常用高级语言编写。而源代码不能直接被计算机执行,必须先转换为目标代码。两者相比,源代码容易阅读,也易于理解,且可以被程序员修改;而目标代码难以理解,修改更困难。鉴于此,一般只传播封闭代码的程序。源代码被传播且被编程人员修改(无需支付版税和费用)的程序就是开放源代码软件，有时也称自由软件(free software)[①]。最著名的案例就是 Linux(计算机操作系统)，其他还有 Apache(网站服务器)、Gimp(图片制作程序)和 MySQL(数据库环境)。

Richard Stallman 创建自由软件基金会掀起世界性的自由软件运动，其基本理念在于软件的发布应将源代码一起公布，软件的使用和修改应该是自由的，软件的开发合作应该是有益于软件的，而并非是出于个人商业利益的考虑。并且为了表示对版权(copyright)保护的反对，自由软件使用了所谓的 copyleft 的授权方法——GPL 公共许可证[②]，以对抗版权的专有许可证，其宗旨是保证用户有无限复制和修改的权利(张平，2004)。作为开放源代码软件典范的 Linux 系统软件已经成为商业软件 Windows 系统软件强有力的竞争对手，这更引起世界范围内计算机学界、法学界，甚至是经济学界的广泛关注。经济学家将此问题看成是一个公共资源的私人生产问题，因此着重关注开源软件的两大问题：一是开发激励问题；二是商业模式问题。

1. 开发激励

Arrow 在 1962 年就已经指出，信息经济学中作为公共物品的信息和创造新信息的激励之间存在一个两难问题。但在开源软件方面，程序开发者花费了大量的时间和精力设计出开源软件后，却不能立即得到经济上的回报或补偿，那么他们的动机何在，激励又何在呢？

从 Dasgupta 和 David(1987、1994)的研究中或许能得到一些启发。他们将新知识创造的激励机构分成两种类型：一种是在“科学”的环境中，另一种是在“技术”的环境中。在科学的环境中，同行的认同和随之而来产生的声誉会带来补偿性的收益，如赞同、在学术组织中的地位或未来在企业中的位置等。在技术的环境中，得到的激励主要来源于传统的通过控制产权实现利润最大化。可以将这种分析框架用于软件产业中，传统的商业软件适用的是技术环境，而开源软件则适用科学环境。

Lerner 和 Tirole(2000)分析了程序用于 copyleft 活动的动机和激励。

---

① 20 世纪 80 年代初期，MIT 的 Richard Stallman 提出“自由软件”的概念。到 20 世纪 90 年代后期，以 Eric Raymond 为代表的经济学家提出用“开放源代码软件”的概念来替代“自由软件”。

② Lerner 和 Tirole(2000)，Johnson(1999)对此种授权制度进行了详细的描述。Browne(2000)提供了一些关于 copyleft 授权的从业者的观点。

他们认为开放资源存在一种延迟支付(delayed payoffs),并将延迟支付分成两种激励:一是事业关注激励,这与未来的工作机会和进入风险资本市场的可能相关;另一种是自我满足激励,这来源于想要得到同行认同。这两者合在一起被称为"信号激励"(signaling incentive),并得出结论:技术信号是激励 copyleft 工作的重要因素。他们关注和比较了传统制度下的商业软件和开源软件的效率、期限和结构。Johnson(1999、2001)从公共物品私人提供的角度通过构建模型讨论了 copyleft 授权对程序创造的影响。Johnson(1999)分析和比较了 copyleft 模型和传统商业软件开发的福利效应,发现两者都不是福利最优的。他同时也关注了 copyleft 的信号激励问题,但认为 copyleft 活动的公共物品性质是最主要的。Johnson(2001)发展了一个程序设计者行为的博弈理论模型。这个模型试图解释纯自利的程序设计者即使是在知道其他设计者也会作相同的改进时,甚至是在程序设计者无法协调他们的行为时也会愿意改进开源软件程序的。Dalle 和 Jullien(1999)把 copyleft 授权当作是一种提高社会创造性的"反专利"系统。他们承认技术信号激励但认为创造出的软件的未来预期利润是程序设计者的重要激励,并构建了一个 copyleft 和一个 copyright 的程序分别传播到用户手中的进化采用模型。

2.商业模式

关于 Linux 和 Windows 两种商业模式比较的理论和实证文献都比较少。Raymond(2000)区别了部分大公司的七种不同商业模式。Mustonen(2001)对封闭源代码的垄断者和开放源代码团体进行了经济分析。在模型中,一个开放源代码的程序是另一种利润最大化垄断者程序的替代品。他们构建了一个模型,在消费者市场中,程序设计者专业的选择决定了程序的质量。只有一个完全垄断者在市场上供给时,他将不得不考虑自由软件对市场的影响。当软件执行成本很低时,垄断者接受 copyleft 程序。他们的模型解释了商业软件和自由软件的同时存在性,也就是为何自由软件不会被商业化的原因。Mckelvey(2001)区分了软件厂商可采纳的三种商业模式:基于公司控制的模式(firm-based control)、混合模式(hybrid)和基于网络的模式(network-based),在实际商业运作中对应模式的代表分别是 Microsoft、Netscape、Linux。国内也有学者开始研究软件的商业模式与市场结构的问题。如史晋川、刘晓东(2005a)基于 PC 市场规模经济和网络外部性的特点，构建了扩展的豪泰林模型，进而研究了 PC 市场结构的决定因素、形成机理以及厂商的不同商业模式：在规模经济明显和网络外部性强的 PC 互补品市场上呈现出双寡头竞争格局，先进入 PC 市场的厂商较传统产业享有更大的成本优势和网络外部性优势，后来厂商不得不强化传统的价格和产品差异化等竞争手段，采取不同的商业模式参与竞争；在规模经济不明显和网络外部性弱的 PC 互补品市场往往呈现出多家企业进行垄断竞争的格局，双寡头市场上的厂商则根据不同的比较优势与垄断竞争市场的相关厂商进行合作或竞争。史晋川、刘晓东(2005b)通过将网络外部性和产品纵向差异化引入传统的豪泰林模型，比较了 Linux 和 Windows 两种软件商业模式，进而研究了操作系统市场结构的决定因素和形成机理：在操作系统市场，软件厂商采取不同的商业模式竞争，不同的商业模式内生了软件厂商不同的竞争优势，从而在不同的操作市场呈现出双寡头竞争和单寡头垄断两种主要的市场结构。

3.5 软件版权保护与专利保护的比较

世界各国对计算机软件的保护方式有许多类型，其中以版权法和专利法较为普遍。法学界对于计算机软件究竟适用何种知识产权制度保护的问题一直没能达成共识。本节试图从经济学的视角入手，重新审视这一问题，比较版权制度与专利制度在保护计算机软件方面的经济效率，从而为我国软件产业的保护提供可借鉴的思路。

经济学界普遍认为在软件发展的初期，软件程序是由数字格式中的格式化叙述所构成的，这些公式化的叙述在被转化为二进制的信号时被作为一组命令来引导机器的操作(皮特·纽曼，2003)，因此版权制度足以担当保护软件的大任。对软件的创新进行版权保护在 20 世纪 70 年代被政策制定者认为是一种能够较好保护计算机软件的知识产权制度(Menell，1989)。在美国新技术应用版权作品国家委员会于 1979 年向国会提交的报告中，也认为版权法是保护计算机程序最恰当的法律。随着软件产业的发展，许多发达国家的专利与商标局纷纷提高自身权限将软件作为专利权来审查，并且多数软件设计者和厂商也开始寻求专利保护。在 Diamond 诉 Diehr 和 Diamond 诉 Bradley 案中，美国法院认定了软件算法的专利，加强了软件的专利保护(Merges,1996)。由软件的保护问题也引发出关于专利和版权的关系问题之争。Menell(1989)分析了专利和版权在保护软件上的关系,认为两者是替代的关系而非互补的关系,并认为在两者中他更偏向于专利保护,因为专利有更高的标准和更严格的保护。Lemley 和 O'Brien(1997)也断言,计算机软件的主要法律保护手段已经从版权转向专利。关于版权与专利制度的比较,有的文献是基于对整个知识产权制度的经济学分析之上的,如 Besen 和 Raskind(1991)、Braga C. A.(1989)等。还有一些文献则分别考察了知识产权的具体制度对不同产业的影响及比较,如 Klaus Kultti 和 Tuomas Takalo(1998)比较了包括版权与专利制度在内的知识产权制度的福利效应,并发展出一个一般均衡模型,探讨行为人是为了寻找新思想而创新还是吸收溢出而模仿。Waterson 和 Ireland(1998)发展了一个拍卖模型,来比较专利制度和版权制度的福利效应,并将研究扩展到最近争议的焦点——计算机软件的法律保护问题,他们认为软件应适用版权保护。类似的争议也推动了 Shy 和 Thisse(1998)关于软件产业的版权保护问题的研究。Waterson 和 Ireland 的文章总体上看与 La Manna、MacLeod 和 de Meza(1989)的文章比较类似。后者研究了一种介于专利和版权之间的许可专利制度(permissive patent system),这种制度与版权类似,允许多个独立创新的发明者。他们发现在许可专利制度下,创新者的收益比严格的专利制度要少,但创新者可相应地通过要求较长的保护期限来作为补偿。从社会福利水平来看,这种制度增加的消费者剩余大于加长专利期限带来的无谓损失,所以总的社会福利仍然提高了。Waterson 和 Ireland 只是把 la Manna 等人的局部均衡研究方法推广成为一般均衡研究方法,并且比较了版权和专利在创新和模仿活动中溢出效应的差异。他们还认为当模仿的专业化导致有效的知识吸收能力时,专利制度创造了更高的福利,但不能像版权制度那样对其他独立创新者进行创新投资的补偿。

3.5.1 基本前提假定

对于专利制度与版权制度在保护计算机软件方面的差异,笔者试图通过建立一个模型来进行比较。有关模型的基本假定如下:

(1)专利和版权制度可以给予创新者 T 期的保护,T 期之后创新成果即进入公共领域。一般而言，版权制度的保护期限要长于专利的保护期限。

(2) ω（$0<\omega<1$）是知识产权制度的保护宽度，表明一项创新在保护期 T 期内受到保护给创新者带来利润的可能性。一般来说，版权制度的保护宽度大于专利制度的保护宽度。

(3)创新者中有 n 个人可以接受保护。当独立创新不被允许时，则创新者中受到保护的人数 $n=1$，这种（$\omega,T,1$）的规则比较近似于专利保护，因为独立创新会被认定为侵权行为。当创新者中受到保护的人数 $n>1$，这种（ω,T,n）的规则更近似于版权保护。

(4) λ（$0<\lambda<1$）为一个外生给定的变量，表明创新产品在保护期限内不过时的可能性，（$1-\lambda$）表示创新产品由于技术进步被升级换代的可能性。当创新过时后，对创新产品的需求会因为（$1-\lambda$）而停止。

(5)每一个创新的研发成本为 c，创新成功后的生产成本为 0（$mc=0$）。

(6) 假定每一个创新都有一个线性需求，其反需求函数为 $p=a-bq$。

3.5.2 创新数量函数

创新者创新的过程类似于随机现象，在 A 个寻找新思想的人中，只有 x 比例的人可以创新成功，共有 I 种新思想，创新就在其中随机发现了。因此，创新者创新的数量符合随机变量的二项分布 $B\left(Ax,\frac{1}{I}\right)$。我们假定 Ax 和 I 足够大，则二项分布可近似于 $\theta=\frac{Ax}{I}$ 的泊松分布（θ 可被认为是创新成功的可能性）。因此，在每一个时期 k 个创新者研发并创新成功的概率为 $\frac{\theta^k}{k!}\mathrm{e}^{-\theta}$；$k$ 个创新者在每一时期的总创新数量为 $\sum_{k=1}^{\infty}I\frac{\theta^k}{k!}\mathrm{e}^{-\theta}=(1-\mathrm{e}^{-\theta})I$。所有创新能够受到专利和版权制度有效保护的数量为 $(1-\mathrm{e}^{-\theta})I(\omega\lambda)$。现在对 T 期的创新能够受到制度有效保护的部分进行加总，可得知识产权制度保护下总的创新数量函数为：

$$E(\omega,T)=(1-\mathrm{e}^{-\theta})\sum_{t=1}^{T}I(\omega\lambda)^{t}=(1-\mathrm{e}^{-\theta})I\frac{\omega\lambda[1-(\omega\lambda)^{T}]}{1-\omega\lambda} \tag{3-1}$$

命题 3-1:创新数量函数对 ω 和 T 分别求导,可得 $\frac{\partial E}{\partial \omega}>0,\frac{\partial E}{\partial T}>0$。这表明保护范围越宽,周期越长,总创新数量越多。上式对专利制度和版权制度都适用,只是针对不同的制度 ω 和 T 的取值范围不同。

3.5.3 创新利润函数

当创新成功后,创新者的每一项创新分别得到专利或版权的保护,每一项创新给创新者可能带来的利润在不同的制度下将出现差异。在专利制度下,创新者的一个创新产品可在完全垄断的市场中进行生产,取得的创新利润 π 可表示为:

$$\pi=TR-TC=pq-c=(a-bq)q-c=aq-bq^{2}-c$$

$$\because \frac{\partial \pi}{\partial q}=a-2bq=0$$

$$\therefore q^{*}=\frac{a}{2b},p^{*}=\frac{a}{2},\pi=\frac{a^{2}}{4b}-c$$

而在版权制度下,独立创新是被允许的,因此可能会出现多个创新者就某个产品同时作出研发,并同时取得创新成功,所有的创新者都具有受保护的权利。我们可以假定版权制度的情况近似于有限个寡头的古诺均衡。古诺均衡的双寡头垄断情况是:

$$p=a-b(q_1+q_2)$$

反应函数为:$q_1=\frac{a-bq_2}{2b}$ 和 $q_2=\frac{a-bq_1}{2b}$

在双寡头垄断市场上:$q_1=q_2=\frac{a}{3b},p=\frac{a}{3},\pi=\frac{a^{2}}{9b}-c$

古诺均衡的 n 寡头垄断情况是:

$$q_1=q_2=\cdots=q_n=\frac{a}{(n+1)b},p=\frac{a}{n+1},\pi=\frac{a^{2}}{(n+1)^{2}b}-c$$

所以在专利制度下,创新者在 T 期内总的创新带来的利润等于其在 T 期内创新的总数量乘以每一项创新带来的垄断利润。

$$\pi(\omega,T,1)=(1-\mathrm{e}^{-\theta})I\frac{\omega\lambda[1-(\omega\lambda)^{T}]}{1-\omega\lambda}\left(\frac{a^2}{4b}-c\right) \tag{3-2}$$

在版权制度下，创新者在 T 期内总的创新利润为：

$$\pi(\omega,T,n)=(1-\mathrm{e}^{-\theta})I\frac{\omega\lambda[1-(\omega\lambda)^{T}]}{1-\omega\lambda}\left[\frac{a^2}{(n+1)^2b}-c\right] \tag{3-3}$$

命题 3-2：当 $n=1$ 时，式(3-3)就转为专利制度下式(3-2)的情况，所以我们可以简单地只考虑式(3-3)。式(3-3)的利润函数分别对 ω、T 和 n 求导，可得 $\frac{\partial\pi}{\partial\omega}>0$，$\frac{\partial\pi}{\partial T}>0$，$\frac{\partial\pi}{\partial n}<0$。这就意味着，保护范围越宽，保护期限越长，受保护的创新者数量越少，创新利润越大。

3.5.4 社会福利函数

我们再考虑消费者剩余及总的社会福利水平的情况。在完全垄断的情况下：

$$CS=\int_0^{\frac{a}{2b}}\left(a-bq-\frac{a}{2}\right)\mathrm{d}q=\frac{a^2}{8b}$$

在双寡头垄断情况下：

$$\begin{aligned}CS&=\int_0^{\frac{a}{3b}}\left[a-b(q_1+q_2)-\frac{a}{3}\right]\mathrm{d}q_1\\&\quad+\int_0^{\frac{a}{3b}}\left[a-b(q_1+q_2)-\frac{a}{3}\right]\mathrm{d}q_2\\&=\frac{2a^2}{9b}\end{aligned}$$

在 n 寡头垄断情况下：

$$CS=\frac{na^2}{(n+1)^2b}$$

所以，我们可以得到在专利制度下，创新者在 T 期内总的创新带来的社会福利等于其在 T 期内创新带来的垄断利润和消费者剩余之和。

$$\begin{aligned}W(\omega,T,1)&=(1-\mathrm{e}^{-\theta})I\frac{\omega\lambda[1-(\omega\lambda)^{T}]}{1-\omega\lambda}\left(\frac{a^2}{4b}-c+\frac{a^2}{8b}\right)\\&=(1-\mathrm{e}^{-\theta})I\frac{\omega\lambda[1-(\omega\lambda)^{T}]}{1-\omega\lambda}\left(\frac{3a^2}{8b}-c\right)\end{aligned}$$

在版权制度下，创新者在 T 期内总的创新带来的社会福利为：

$$W(\omega,T,n)=(1-\mathrm{e}^{-\theta})I\frac{\omega\lambda[1-(\omega\lambda)^{T}]}{1-\omega\lambda}\left(\frac{a^{2}}{(n+1)^{2}b}-c+\frac{na^{2}}{(n+1)^{2}b}\right)$$
$$=(1-\mathrm{e}^{-\theta})I\frac{\omega\lambda[1-(\omega\lambda)^{T}]}{1-\omega\lambda}\left(\frac{a^{2}}{(n+1)b}-c\right)\quad(3\text{-}4)$$

命题 3-3：式(3-4)的社会福利函数分别对 ω、T 和 n 求导，可得 $\frac{\partial W}{\partial \omega}>0,\frac{\partial W}{\partial T}>0,\frac{\partial W}{\partial n}>0$。所以从社会福利角度看，保护范围越宽，保护时期越长，保护的创新者个数越多，社会福利水平就越高。

3.6 本章小结

综上所述，本章在研究软件的经济学特征的基础上，分别探讨了软件保护的原则、原因和形式，并构建了理论模型对软件的专利保护和版权保护从创新数量、创新利润和社会福利三个角度进行比较。基于本章各节对软件知识产权保护的经济学分析以及本章第五部分所构建的数理模型，可以尝试性地给出一个计算机软件法律保护制度的框架。

1. 计算机软件的法律保护制度应能使大多数的软件受到保护，这样才能有效地激励创新的数量。根据命题 3-1 可以知道，保护范围越宽、周期越长的制度越利于总创新数量的增加。所以，虽然专利法能给予计算机软件严格的保护，但其保护条件苛刻使大多数软件无法受到保护，在创新数量方面激励不足。而相比之下，版权制度几乎能使所有计算机软件均受到保护。从这个角度看，版权制度较优于专利制度。

2. 计算机软件的法律保护制度应该能够保护创新者利益，从而促进软件产业的发展。根据命题 3-2 可以知道，保护范围越宽、周期越长和创新者人数越少的制度越利于创新者提高其创新利润。所以专利法比版权法更能保护创新者的垄断利润，符合一国软件产业发展的要求。版权制度在此方面存在较多缺陷，如保护力度不够，无法禁止反向工程，对权利人不利，阻碍软件产业的发展。

3. 计算机软件的法律保护制度应该能够鼓励创新者的独立创新，使更多的消费者能从技术进步中受益，从而提高全社会的福利水平。根据命题 3-3 可知，保护范围越宽、保护时期越长、保护的创新者个数越多的法律制度，越加能够促进社会福利水平的提高。从此角度看，版权制度的允许独立创新原则会使更多的消费者从中受益。

总之,一概而论地说计算机软件保护更适用版权制度或专利制度都是带有局限性的。究竟一国应如何选择适合本国发展的软件保护制度,关键在于各国如何对待软件产业发展和全社会福利以及权衡问题。如果一国处于软件产业的发展初期,目的在于保护软件开发者和厂商的垄断利润,以促进软件产业的迅速发展为首要任务,则专利制度是一种可取的制度;如果一国更为关注整个国家乃至整个世界的社会福利水平,以促进技术创新和文化进步为己任,则版权制度是一种较优的制度。

4 软件版权制度保护的理论分析

本章将对软件版权制度保护问题进行理论分析，首先从经济学的角度给予一般的分析，后续的各节将探讨累积创新与计算机软件版权保护的关系。通过构建一个累积创新框架下的拍卖模型来探讨知识产权制度的社会福利效应，比较各种具体制度的效率，并且得出结论：计算机软件行业适用比较宽松的保护制度，如版权制度。

4.1 软件版权制度保护的经济学分析

软件产品最重要的特征之一是其开发成本高昂，而复制成本极其低廉。因此，软件的知识产权保护必须首先保护其“复制权”，即要求复制权归开发者所有，这也是软件知识产权保护主要依靠版权法的原因。传统版权保护的对象是作品，作品的多样性、价值不确定性与差异性及其创作动机主要在于表达自己的思想与情感等方面的特点，使其与版权法的独占性较弱、保护期较长、规定精神权利的制度设计基本相适应。从经济学的角度看，版权实际上是一种较弱的财产权利保护边界。而此种较弱的权利保护边界恰好给予软件以适宜的保护，有效地防止了过度垄断保护带来的效率损失和不保护时盗版带来的损失。软件版权保护的效率性就在于版权制度能够找到经济学意义上的均衡，解决两难困境的问题。版权制度以促进学习、留存公有领域和促进公众接近为目的，在赋予作者和作品使用者的利益之间实现精妙的平衡，即在垄断和分享之间创设并维持一种均衡。版权法的利益平衡可以分为“制度内的利益平衡”和“制度外的利益平衡”。制度内的利益平衡主要包括版权法上权利和义务的总体平衡、版权人利益和社会公众利益的平衡、不同版权人之间的权利义务平衡，以及版权法本身效率与公平的平衡等。制度外的利益平衡则包括版权法与其他知识产权法的平衡、版权法与竞争法的平衡，以及国际层面的版权法与国际公约的平衡、南北国家之间版权法的利益平衡关系。

版权制度在保护软件产品的时候，体现出了一定程度的折中，解决了一些经济学上的均衡问题，从而也解释了各国在最初保护软件的时候弃用软件的专利保护制度而选择使用版权保护制度的原因。

版权制度赋予软件厂商的是一种部分排他的权利。所谓版权的部分排他性，是指版权无法排除其他作者的独立创作竞争，仅有排除他人复制的权利。与专利和商标不同，版权所保护的仅仅是针对复制(copying)而言的，对享有版权的作品进行非故意的再创作，只要是独立的、非故意的重复和侵权，都是被允许的。可以形象地说，专利使得“第一个人进入房间之后反手将其他后续的创新者都锁在门外”，而版权“在关上一扇门的同时，还为后续的创新者留下了一扇窗”。如果说专利导致的是完全垄断的市场结构，那么版权导致的至多是寡头垄断的市场结构。

根据版权保护的原则，是不允许创新的软件厂商限制生产的，但是限产提价却通常是专利导致的垄断厂商的惯用手段。版权的所有者即使是在与创新前相同的产量水平上仍然能够获得经济租金，并且，随着主要创新成本的下降，产出水平可能会增加。因此，可以得出版权保护后的软件创新市场与无保护的软件创新市场相比，产出相同且可能增加，并不会如专利垄断情况下的产量下降。

为了激励软件创新者，知识产权的保护给予软件厂商以一定的经济租金，因此寻租问题变得显著起来。但是在这一点上与专利相比，版权因为其无力排除独立创作的事实，经济租金能够在较短的时间内被耗散，因此寻租在版权中只是一个较小的问题。

最为重要的是，软件的知识产权保护是以明天的创新为代价来实现今天的创新的。知识产权框架的一个功能就是保持长期内的创新流。借用波斯纳和兰德斯的概念，如果过度保护在先的软件则会提高表达成本，从而降低后续的创新生产。在软件领域内，创新所具有的累积性是一个重要的问题。因为软件领域是一个快速进步的技术领域，该领域的核心是创新。而创新进步会被过强的保护所降低的可能性是不容忽视的。同样，在该领域内，过弱的保护也会降低技术进步率，使得软件研发支出减少。所以版权法保护软件的最终目的就是要在长期的创新内达到合适的均衡点。因此，从本章第二节开始将以累积创新作为研究的背景和框架，讨论软件在此框架下的最适保护形式问题。

4.2 累积创新与软件版权保护

自熊彼特(1934)提出"创造性破坏"的论述来研究创新问题,到后续的经典文献 Arrow(1962)、Nordhaus(1969),以及沿着这一思路的众多经济学家,包括研究最优专利制度设计的 Scherer(1972)、Waterson(1990)、Gilbert 和 Shapiro(1990)、Klemperer(1990)、Gallini(1992)以及研究专利竞赛的 Loury(1979)、Dasgupta 和 Stiglitz(1980)、Lee 和 Wilde(1980)等都是在孤立创新的框架下,研究知识产权制度的保护对创新激励、技术进步等因素的促进作用。由于在此研究框架下没有进行后续创新的可能性,保留创新结果也没有价值,所以厂商在取得创新之后,会对其进行披露并申请专利。总体上看,这些研究文献都只注意到了孤立的创新,而没有考虑累积创新框架下前期创新者对后期创新者的正外部性或溢出效应(纵向溢出)。而现实中,研究和创新活动往往是具有累积性的。创新相互之间彼此依赖,后续的研究活动直接是对在先发现的改进或应用。这个事实使许多有关创新和知识产权保护问题变得更为复杂。

最近的研究文献对传统的观点提出了质疑,即知识产权保护的加强究竟能否有效地激励创新。现代的创新模型是基于累积创新的框架之下,任何厂商必须先完成(或以其他途径获得)前期创新,然后才能进行后续创新(Green 和 Scotchmer(1995)、Denicolo 和 Zanchettin(2002))。Scotchmer(1991)最早研究了累积创新条件下的创新激励问题。他认为在前的创新者如果不能在后续创新者的利润中得到补偿,就没有足够的激励去投资研究。这一现象特别体现在研究工具(research tool)的研发工作中,如果创新者不能从后续开发的产品中获利,就没有激励去创造新的研究工具。Merges 和 Nelson(1990)发现,在这样假定的条件下,强保护会对后续的创新研究产生影响,因而提高实现知识产权的能力会阻止创新而不是促进创新,这些观点与传统的观点恰好相悖。Scotchmer(1996a、1996b、1998)描述了累积创新会导致一个基本的两难困境:为了回报第一代创新者发明对第二代创新的溢出,要允许第一代创新者可以占用第二代创新者发明的价值;另一方面允许第一代创新者从第二代发明中获取部分收益,这会减少第二代创新者的激励。还有许多学者扩展了对累积创新的分析,Chang(1995)表明创新发明的专利保护的范围应该更宽一些。因为没有这样的保护,就不会有足够回报和创新激励去研究。O'Dnoghue 等人(1998)认为提供宽的专利范围会加强新产品的扩散,但期限加长会减少 R&D 的成本。Bessen 和 Maskin(2000)试图回答这样一个问题:从历史来看,软件、半导体、计算机等产业尽管受到的是弱保护,但为何仍具有较大的创新激励?他们认为在这些产业中竞争可以增加厂商未来收入,以此来补偿近期的租金耗散。同时他们还发展了一个模型以说明在一个动态的产业中,保护会减少创新和社会福利,而且他们将研究放入 20 世纪 80 年代的软件产业中进行检验。传统的观点往往认为 R&D 的密度和生产率在保护企业中应该会增加,但他们的研究结果发现这些增加并没有发生,也就是说,将专利保护扩展到软件领域后并没有对计算机产业带来促进作用。

下面的部分将通过构建一个累积创新框架下的拍卖模型来探讨知识产权制度的福利效应,比较各种具体制度的效率及其在各种特殊的产业中的应用保护问题。具体来看,第三小节考虑了一个孤立创新框架下两家厂商创新竞赛的拍卖模型;第四小节引入累积创新框架,讨论当存在领先厂商的情况下两家厂商在"研究"与"开发"过程中的创新策略与行为,并分别考察了领先厂商单独开发、追随厂商模仿以及领先厂商授权追随厂商获得许可三种情况中的社会福利水平;第五小节是关于模型的研究结论和应用扩展,将模型得出的结论进行比较,并结合不同的产业特征讨论知识产权保护政策的差异;第六小节是本章的小节。

4.3 孤立创新框架下厂商创新竞赛模型

孤立创新框架下厂商创新竞赛模型主要是借鉴 Waterson 与 Ireland(1998)的研究思路,考虑两家厂商在孤立创新的情况下进行创新竞赛的拍卖模型。参与创新的两家厂商根据评价来竞标,出价高者将获胜。假设每个潜在创新者的个人收益由两部分组成:一部分是创新的直接收益;另一部分是从其他同期创新参与者的开发中得到的潜在收益。社会收益可以被认为是所有潜在参与者个人收益的总和。由此,可以分别得出两家厂商的期望效用函数、投标函数以及社会福利函数。

4.3.1 期望效用函数

倘若对参与创新的评价为 v 的厂商，其竞标价为 b（$b \geqslant \underline{b}$，$\underline{b}$ 是最低的竞标价，也是最低的研发投入），它创新成功的概率为 $p(b)$。厂商的创新成功过程可以理解为厂商根据其评价在投入研发成本即竞标价之后取得竞拍成功的过程。竞标价 b 是评价 v 的单调递增函数，由此可以保证出价最高的参与者获胜。实际上，b 为投入研发的资源成本，一经投入，则无论参与者竞拍是否成功，都必须支付。θ（$0 \leqslant \theta \leqslant 1$）可以定义为知识产权的不完备程度（主要指复制模仿或侵犯知识产权被发现的可能性的大小）。为简化模型，暂不考虑侵犯知识产权后的惩罚问题。α（$0 \leqslant \alpha < 1$）表示横向溢出的参数，即从其他参与者的研发中可以得到的溢出程度的大小。v 型厂商获胜可以从其他厂商获得的溢出收益为 $\theta\alpha(vp(b)+v^*(1-p(b))$，其中 v^* 代表其他厂商的评价水平，且 v^* 独立于 v。依据上述假定，参与创新的 v 型厂商的期望效用可以表示为：

$$
\begin{aligned}
U(v) &= (1-\theta)vp(b) + \theta\alpha(vp(b)+z(b)) - b \\
&= [1-\theta(1-\alpha)]vp(b) + \theta\alpha z(b) - b
\end{aligned}
\tag{4-1}
$$

其中，$z(b) \equiv (1-p(b))Ev^*$

在给定的评价 v 服从[0,1]之间均匀分布的假设下，厂商竞标获胜的概率是没有别的参与者有更高的评价的概率，所以 $p = v^{n-1}$，由于假定只有两家厂商参与①，故 $p = v$，相应地有：

$$\frac{\mathrm{d}U(v)}{\mathrm{d}v} = \frac{\partial U(v)}{\partial v} = (1-\theta)p + p\alpha\theta = [1-\theta(1-\alpha)]v \tag{4-2}$$

令 $[1-\theta(1-\alpha)] \equiv A$（一个边际系数），对上式积分，可以得到：

$$U(v) = U(0) + Av^2/2 \quad \text{当 } U(0) > 0 \text{ 时} \tag{4-3-1}$$

$$U(v) = A(v^2 - \underline{v}^2)/2 \quad \text{对于 } \underline{v} > 0 \text{ 有 } U(\underline{v}) = 0\text{，且 } U(0) < 0 \tag{4-3-2}$$

由于存在溢出，当从溢出获得的收益大于参与者的进入成本时（即最低竞标价 $\underline{b}$ 小于某个临界值），所有的厂商都会参与竞标；当 $\underline{b}$ 大于某个临界值

① 厂商数量 n 是一个重要的外生变量，它是由行业本身的特征所决定的，并会对社会福利水平产生一定影响。

时，则只有部分厂商参与竞标。据此，计算该临界值。

当一个参与者必定要赢的时候，那么 $v=0$ 型厂商的效用为：

$$U(0)=\max(0,\alpha\theta z-\underline{b})$$

根据之前 v 是均匀分布的假定以及 z 的定义，可以推出：

$$U(0)=\frac{1}{2}\alpha\theta-\underline{b} \quad 当\ \underline{b}\leqslant\frac{\alpha\theta}{2} \tag{4-4-1}$$

$$U(0)=0 \quad 当\ \underline{b}>\frac{\alpha\theta}{2} \tag{4-4-2}$$

显然该临界值为 $\frac{\alpha\theta}{2}$，当 $\underline{b}\leqslant\frac{\alpha\theta}{2}$ 时所有人都参与。

4.3.2 投标函数

根据期望效用函数可以求出所有人参与和部分人参与两种情况下的投标函数。如果 $\underline{b}\leqslant\frac{\alpha\theta}{2}$，结合方程(4-1)和(4-3-1)以及 z 的定义，可知：

$$b(v)=\frac{1}{2}(1-\theta)v^2+\underline{b} \tag{4-5-1}$$

如果 $\underline{b}>\frac{\alpha\theta}{2}$，由方程(4-1)和(4-3-2)可知：

$$b(v)=\frac{1}{2}(1-\theta)v^2+\frac{A}{2}\left[\frac{\underline{b}-\frac{\alpha\theta}{2}}{1-\theta+\frac{\alpha\theta}{2}}\right]+\frac{\alpha\theta}{2} \tag{4-5-2}$$

上述式(4-5-1)和式(4-5-2)给出的投标函数，是关于 $\underline{b}$ 连续的，关于 v 递增的，因此最高报价 v^* 者将赢得知识产权保护。

4.3.3 社会福利函数

如果社会福利函数为 $W=\underset{v}{E}\{nU(v)\}$，仅考虑了厂商的效用，忽略了消费者剩余①，那么仍然可以根据给定的投标均衡得出两种情况下的社会福利函数：

---

① 在考虑社会福利函数的时候，必须注意到：从厂商角度得到的最优保护程度，对消费者来说未必是最优的，因此引入消费者剩余的社会福利函数是未来模型扩展的一个思路。

当 $\underline{b} \leqslant \frac{\alpha\theta}{2}$ 时，$W = 2\left[\int_{0}^{1}\left(U(0) + \frac{1}{2}Av^2\right)\right]\mathrm{d}v = 2\left(\frac{\alpha\theta}{2} - \underline{b}\right) + \frac{A}{3}$

(4-6-1)

当 $\underline{b} > \frac{\alpha\theta}{2}$ 时，$W = 2\left[\int_{\underline{v}}^{1} A\,(v^2 - \underline{v}^2)/2\right]\mathrm{d}v = A\left(\frac{1}{3} + \frac{2}{3}\underline{v}^3 - \underline{v}^2\right)$

(4-6-2)

其中，$\underline{v}^2 = \dfrac{\underline{b} - \frac{1}{2}\alpha\theta}{1 - \theta + \frac{\alpha\theta}{2}}$

从现实的情况看，大多数的技术创新与进步都是基于前人提供的研究基础的。尤其在当代高新技术产业中，更新换代的频率与速度加快，间隔时间趋于缩短，这些都有赖于在先的创新者的贡献。例如，生物技术和医药行业中新药的研制，计算机软件行业中新软件的开发，在很大程度上都源于前人的纵向溢出和同期开发者之间的横向溢出。因此，有必要引入累积创新的框架来进一步拓展孤立创新框架下的厂商创新竞赛模型。

4.4 累积创新框架下厂商创新竞赛模型

现在通过进一步的拓展来考察累积创新框架下的厂商创新竞赛模型。这一扩展模型沿用孤立创新竞赛模型的思路，将分析拓展到包括“研究”与“开发”两个过程的累积创新框架之下，研究当存在领先厂商的时候两家厂商的创新策略与行为。通过这一累积创新框架下厂商竞赛模型，将分别考察领先厂商单独开发、追随厂商模仿以及领先厂商授权追随厂商获得许可三种不同情形中的社会福利水平。

4.4.1 基本假设条件

为构建累积创新框架下的厂商创新竞赛模型，首先要给定以下假设条件：

(1)厂商为创新出一种商业上有价值的产品，必须经历“研究”(research)和“开发”(development)两个过程(Grossman 和 Shapiro，1987)。研究是累积创新的第一过程，得到的产品是中间产品，即所谓的研究工具；开发是第二过程，得到的是最终产品。例如，第一过程得到的可能是某种算法，那么第二过程就能发展出以此算法为基础的软件；如果第一过程得到的是某种基因的排序，那么第二过程就能发展出以此基因为基础的生物制药。所谓累积创新的累积性就体现在每个厂商只能在取得第一过程成果后，才能进行第二过程的开发。因此，厂商不能单独停留在第一过程中，必须发展到第二过程。在累积创新框架下，厂商不仅能从其他同期厂商开发活动中得到横向溢出效用，还能从前一过程中得到纵向溢出效用，纵向溢出效用的大小取决于厂商获取前期成果的形式。

(2)假定在第一过程中，厂商 L 先取得了创新，并申请了知识产权保护，于是它成为了领先厂商(leader firm)；第二过程中，厂商 F(追随厂商，follower firm)如果也想参与竞标，必须先从厂商 L 那里获得研究成果。追随厂商 F 获取成果的方式既可以是通过正规的授权许可得到，也可以是选择通过非正规的模仿手段获得。

(3)研究和开发的总时间期限小于知识产权保护的期限 T。

(4)如果厂商 F 选择通过授权许可的方式获得前一过程的创新，则厂商 F 必须为此支付许可费 K，其大小是由双方谈判能力决定的。

(5)仍然沿用基本模型中的社会福利函数，同样不考虑消费者剩余问题。

(6)研究过程中厂商 L 获得知识产权后，到了开发过程它可以有两种策略：一是授权许可别人使用，同时收取许可费；二是不许可，自己保留竞争优势。针对厂商 L 的两种策略，厂商 F 也可以相应地作出决策：如果对应的是厂商 L 的不许可策略，厂商 F 在知识产权保护严格的情况下选择退出竞争，在知识产权保护不严格的情况下选择模仿；如果对应的是厂商 L 的许可策略，厂商 F 在知识产权保护严格的情况下选择通过谈判取得许可，在知识产权保护不严格的情况下也选择模仿。可以将以上所述情况归纳为图 4-1 所示，并在此基础之上分别讨论和比较不同情形下的社会福利水平。

4.4.2 情况Ⅰ：厂商 L 单独开发

在情况Ⅰ中，厂商 L 自己进行开发，并随着厂商 F 的退出，整个市场即为完全垄断市场。根据基本模型的思路，厂商的期望效用除包括当期可获得的直接效用和从其他厂商开发活动中得到的横向溢出效用外，还包括从

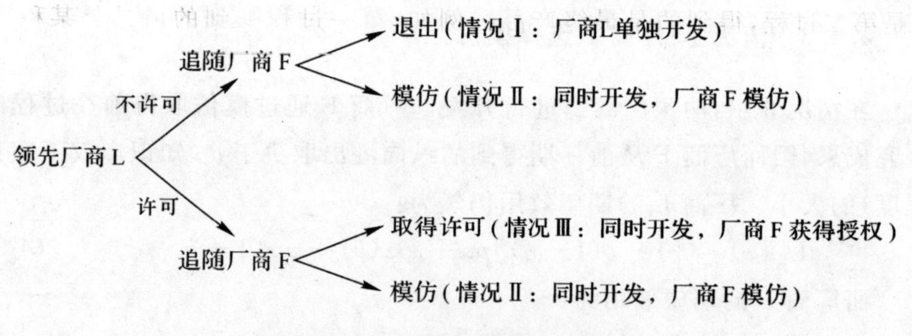

图 4-1 厂商策略选择示意图

前一过程得到的纵向溢出效用。但由于此时厂商 L 单独开发，无法从同期的参与厂商处得到溢出，因此横向溢出参数 $\alpha = 0$，且完全垄断厂商拥有完全的前期成果，因而能够在无竞争的条件下和足够的时间内将其商业化开发出新产品，开发成功的概率 $p = 1$。因此，厂商 L 的期望效用为：

$$U_1(v) = [1-\theta(1-\alpha)]pv + \alpha\theta z(b) + v \times 1 - b$$

由于 $p = 1, \alpha = 0$，所以，

$$\begin{aligned} U_1(v) &= [1-\theta(1-\alpha)]v + v - b \\ &= [2-\theta(1-\alpha)]v - b \\ &= (2-\theta)v - b \end{aligned} \tag{4-7}$$

$$\frac{\mathrm{d}U_1(v)}{\mathrm{d}v} = 2 - \theta$$

因为在此种情况之下，只有厂商 L 单独从事开发，厂商 L 作为唯一的垄断厂商其投标函数一定是一个最低的投标值 $\underline{b}$，由此可以得出 $b(v) = \underline{b}$，所以厂商 L 的期望效用函数就为：

$$U_1(v) = (2-\theta)v - \underline{b} \tag{4-8}$$

同样也可以将福利函数表示成含 $\underline{b}$ 的形式：

$$W = \int_0^1 [(2-\theta)v - \underline{b}]\mathrm{d}v = \frac{1}{2}(2-\theta) - \underline{b}$$

引理 4-1：如果在厂商 L 单独开发的情况之下，社会福利函数如上式所示，则可以得出 $\frac{\mathrm{d}W}{\mathrm{d}\theta} = -\frac{1}{2} < 0, \frac{\mathrm{d}^2 W}{\mathrm{d}\theta^2} = 0$。可见，随着 θ 的增加，W 递减，即保护程度越是不严格，社会福利越小；保护程度越严格，社会福利越大，且在 θ 的取值范围内，W 的最大值只能在 θ 取最小值的时候得到。

4.4.3 情况Ⅱ:厂商F选择模仿

在情况Ⅱ中,两家厂商都进行开发。厂商F通过模仿取得前一过程的研究成果,因而厂商F从前一期得到的纵向溢出取决于θ(知识产权不完备程度)的大小。厂商L的期望效用仍然为:

$$U_1(v)=[1-\theta(1-\alpha)]pv+\alpha\theta z(b)+v\times 1-b \tag{4-9}$$

而厂商F的期望效用为:

$$U_2(v)=[1-\theta(1-\alpha)]pv+\alpha\theta z(b)+v\times\theta-b \tag{4-10}$$

$$\frac{\mathrm{d}U_1(v)}{\mathrm{d}v}=[1-\theta(1-\alpha)]v+1$$

$$\frac{\mathrm{d}U_2(v)}{\mathrm{d}v}=[1-\theta(1-\alpha)]v+\theta$$

在此种情况之下,类似于基本模型中所有参与人都参与开发的情况,因此可以重新将两个厂商的效用函数分别表示成:

$$U_1(v)=U(0)+\frac{1-\theta(1-\alpha)}{2}v^2+v \tag{4-11}$$

$$U_2(v)=U(0)+\frac{1-\theta(1-\alpha)}{2}v^2+\theta v \tag{4-12}$$

而 $U(0)=\frac{\alpha\theta}{2}-\underline{b}\quad(\underline{b}\leqslant\frac{\alpha\theta}{2})$

令式(4-11)、式(4-12)分别与式(4-9)相等,可以得到:

$$b(v)=\frac{(1-\theta)}{2}v^2+\underline{b} \tag{4-13}$$

同时,可以从两个厂商的期望效用函数得到社会福利函数:

$$W=\frac{8\alpha\theta+\theta+5}{6}-2\underline{b} \tag{4-14}$$

引理4-2:如果在厂商F选择模仿,两个厂商都进行开发的情况之下,社会福利函数如上式所示,则W为一斜率为正的直线,即W随着θ的增加而增加。这表明知识产权制度的不完备程度增加时,有利于社会福利的增加,所以此时宜采用弱保护政策。

证明:$\frac{\mathrm{d}W}{\mathrm{d}\theta}=\frac{8\alpha+1}{6}$

因为$0<\alpha<1$,所以$\frac{\mathrm{d}W}{\mathrm{d}\theta}>0$,$\frac{\mathrm{d}^2W}{\mathrm{d}\theta^2}=0$

并且此时由于满足 $\underline{b}\leqslant\frac{\alpha\theta}{2}$ 的条件，因此 $\theta\geqslant\frac{2\underline{b}}{\alpha}$。所以 θ 的取值范围为 $\frac{2\underline{b}}{\alpha}\leqslant\theta\leqslant 1$，当 $\theta=1$ 时，W 取得最大值，$W_{\max}=\frac{4\alpha+3}{3}-2\underline{b}$。

4.4.4 情况Ⅲ：厂商 L 授权，厂商 F 获得许可

在情况Ⅲ中，两个厂商都进行开发。厂商 F 通过从厂商 L 手中获得授权许可而取得之前的研究成果，但厂商 F 必须为此支付许可费。许可费 $K=kv$，即许可费的大小取决于对研究成果的评价，其中 k 为许可费比例。厂商 L 的期望效用仍然为：

$$U_1(v)=[1-\theta(1-\alpha)]pv+\alpha\theta z(b)+v\times 1-b \tag{4-15}$$

相应的厂商 F 的期望效用为：

$$U_2(v)=[1-\theta(1-\alpha)]pv+\alpha\theta z(b)+1\times v-kv-b \tag{4-16}$$

根据类似情况Ⅱ的方法可以得到以下结论以及引理 4-3：

$$b(v)=\frac{(1-\theta)}{2}v^2+\underline{b}$$

$$W=\frac{8\alpha\theta-2\theta+8-3k}{6}-2\underline{b} \tag{4-17}$$

引理 4-3：如果在厂商 L 授权、厂商 F 获得许可，且两个厂商都进行开发的情况之下，社会福利函数如上式所示，则当 $\alpha\geqslant\frac{1}{4}$ 时，W 为一斜率为正的直线，即 W 随着 θ 的增加而增加，也即知识产权制度的不完备程度增加时，有利于社会福利的增加，所以此时宜采用弱保护政策；当 $\alpha<\frac{1}{4}$ 时，W 为一斜率为负的直线，即 W 随着 θ 的增加而减少，也即知识产权制度的不完备程度增加时，会使社会福利趋于减少，所以此时宜采用强保护政策。

证明：$\frac{\mathrm{d}W}{\mathrm{d}\theta}=\frac{4\alpha-1}{3}$

当 $\alpha\geqslant\frac{1}{4}$ 时，$\frac{\mathrm{d}W}{\mathrm{d}\theta}\geqslant 0$，则当 $\theta=1$ 时，W 取到最大值，$W_{\max}=\frac{8\alpha+6-3k}{6}-2\underline{b}$

当 $\alpha < \frac{1}{4}$ 时，$\frac{dW}{d\theta} < 0$，则当 $\theta = \frac{1}{4}$ 时，W 取到最大值，$W_{max} = \frac{4\alpha + 15 - 6k}{12} - 2\underline{b}$

4.5　研究结论与应用扩展

通过对上述扩展模型的讨论，可以得到三种不同情况下的社会福利函数，现将它们列为表 4-1，作进一步的比较分析。

表 4-1　不同情况下的社会福利比较

领先厂商 L 不授权许可		领先厂商 L 授权许可	
追随厂商 F 退出(Ⅰ)	追随厂商 F 模仿(Ⅱ)	追随厂商 F 取得许可(Ⅲ)	追随厂商 F 模仿(Ⅱ)
$W = \frac{1}{2}(2-\theta) - \underline{b}$	$W = \frac{8\alpha\theta + \theta + 5}{6} - 2\underline{b}$	$W = \frac{8\alpha\theta - 2\theta + 8 - 3k}{6} - 2\underline{b}$	$W = \frac{8\alpha\theta + \theta + 5}{6} - 2\underline{b}$
$W_{max} = 1 - \underline{b}$	$W_{max} = \frac{4\alpha + 3}{3} - 2\underline{b}$	$W_{max} = \frac{8\alpha + 6 - 3k}{6} - 2\underline{b}\ \left(\alpha \geqslant \frac{1}{4}\right)$ $W_{max} = \frac{4\alpha + 15 - 6k}{12} - 2\underline{b}\ \left(\alpha < \frac{1}{4}\right)$	$W_{max} = \frac{4\alpha + 3}{3} - 2\underline{b}$

比较不同的情况可以看出，为使社会福利水平达到最大值，θ 值都不尽相同，这意味着在不同的情况下，所运用的知识产权保护制度的种类和保护程度不可能是完全相同的，必须根据具体的保护客体情况来加以确定。进一步看，作为外生变量的 α（知识溢出程度）和 $\underline{b}$（最低研发投入成本），也会对社会福利的大小产生影响；且 α 和 $\underline{b}$ 对应于不同的行业呈现不同的大小和状态。因此，有必要结合具体的 α 和 $\underline{b}$ 的行业特征，来具体讨论在各种不同的行业进行知识产权保护的适合类型和保护程度。由于知识产权不完备程度 θ 还包括所采用有差异的技术保护措施和不同的知识产权保护制度，并且在某些情况中进行比较统计是模糊的，因此，可以把 θ 作为一个自变量，用仿真软件进行数据模拟，来分别考察厂商 L 不允许授权许可（见图 4-2）和

厂商 L 允许授权许可(见图 4-3)两种情形下,不同的 α 和 $\underline{b}$ 取值对社会福利水平的影响。

图 4-2 表示在厂商 L 不授权许可条件下,厂商 F 在选择退出或模仿策略下的社会福利比较,其中横坐标 θ 表示知识产权的不完备程度,纵坐标 W 表示社会福利大小。图 4-2 中 A 图是当 $\alpha=0.3$, $\underline{b}=0.1$ 时的福利大小比较;B 图是当 $\alpha=0.6$, $\underline{b}=0.1$ 时的福利大小比较;C 图是当 $\alpha=0.3$, $\underline{b}=0.4$ 时的福利大小比较;D 图是当 $\alpha=0.6$, $\underline{b}=0.4$ 时的福利大小比较。其中当厂商 F 选择退出策略时,图形用"+"表示;当厂商 F 选择模仿策略时,图形用"*"表示。

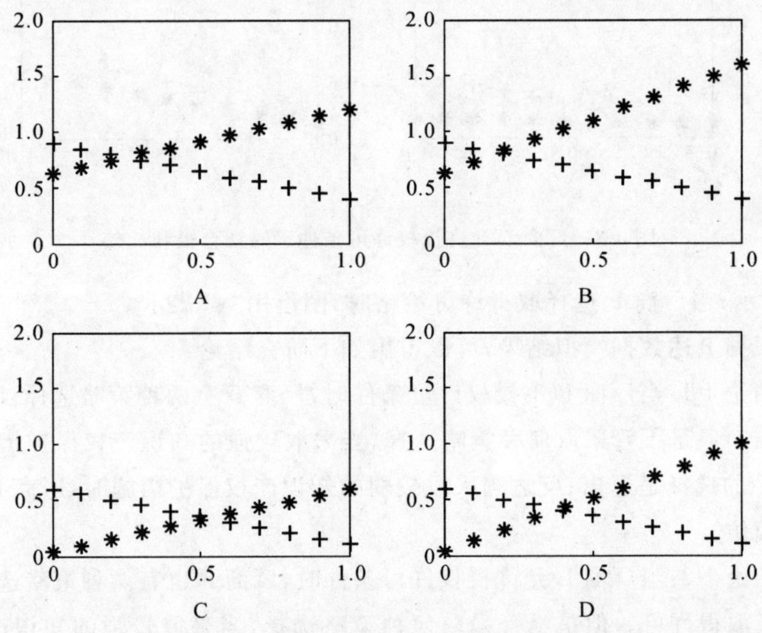

图 4-2　厂商 L 不授权许可条件下的社会福利比较

图 4-3 表示在厂商 L 允许授权许可条件下,并假设授权许可费比例 $k=1$,厂商 F 在选择取得许可或模仿策略下的社会福利比较,其中横坐标 θ 表示知识产权的不完备程度,纵坐标 W 表示社会福利大小。图 4-3 中 A 图是当 $\alpha=0.3$,$\underline{b}=0.1$ 时的福利大小比较;B 图是当 $\alpha=0.6$,$\underline{b}=0.1$ 时的福利大小比较;C 图是当 $\alpha=0.3$,$\underline{b}=0.4$ 时的福利大小比较;D 图是当 $\alpha=0.6$,$\underline{b}=0.4$ 时的福利大小比较。其中当厂商 F 选择模仿策略时,图形用

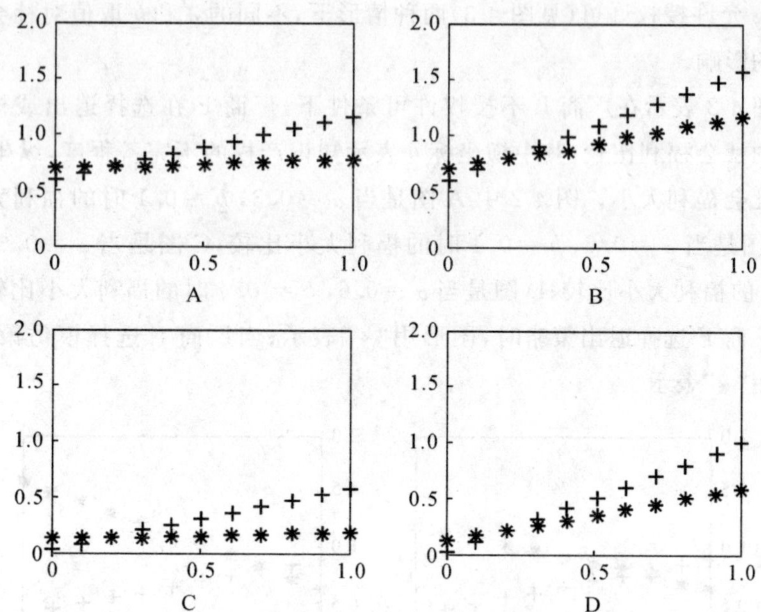

图 4-3　厂商 L 允许授权许可条件下的社会福利比较

“+”表示；当厂商 F 选择取得许可策略时，图形用“*”表示。

根据上述数据模拟结果，可以得出如下研究结论：

结论 4-1：当厂商 L 不授权许可条件时，厂商 F 有两种策略选择，即模仿或退出。但是不管采取何种策略选择，当采取较强的知识产权保护措施时，厂商 F 的选择是退出；反之当采取较弱的知识产权保护措施时，厂商 F 的选择是模仿。

结论 4-2：当厂商 L 允许授权许可条件时，厂商 F 也有两种策略选择，即模仿或取得许可。但是不管采取何种策略选择，当采取较强的知识产权保护措施时，厂商 F 的选择是取得许可；反之当采取较弱的知识产权保护措施时，厂商 F 的选择是模仿。

累积创新框架下厂商创新竞赛模型的研究结论，可以结合现实经济活动中不同产业领域的特征，作进一步的应用性扩展。在以医药、生物、软件、半导体等具有高技术进步率的行业中，创新的累积性表现得非常明显。因此，在设计累积创新框架下最优知识产权保护制度政策时，必须考虑到以下几个问题：一是如何补偿在先创新者的贡献，防止在先创新者与后续创新者之间的竞争导致彼此利润的减少；二是各种知识产权制度下的福利效应比较，即在设计知识产权保护制度时，必须考虑到各主体利益的均衡，使社会福利达到最大化。基于这两点考虑，努力在补偿在先创新者利润、社会总体创新效率和社会福利水平之间寻求一个最优解，这个最优解就是社会所选择的最优知识产权保护制度。

具体地说，在生物技术、电子和医药等行业中，这类行业一般都存在一个较大的 $\underline{b}$，例如要投资研发一种新药或是开发一种转基因的产品都需要政府给予很大的经济支持，一项创新活动的投资往往在数千万美元以上。而且这类行业的 α 很低，各家厂商都极力维护各自的创新成果，因此厂商之间的知识溢出很少。对于这类行业，应该适用比较严格的保护制度进行保护，比如专利制度。但是，即使在此种情形下一个国家的知识产权保护程度的强弱也要与该国的技术水平和政策结合起来综合考虑，美国和日本这两个技术发明大国分别就是提供强专利保护和弱专利保护的典型。相比之下，日本的弱专利保护政策适用于技术水平不高而又需要大量引进技术加以改进的国家，因为弱专利保护政策使得日本行业内 R&D 技术溢出程度 α 要明显高于美国（Cohen 等，2001）。在计算机软件、音乐、书籍和期刊等行业中，这类行业往往存在一个较小的 $\underline{b}$，研发人员的数量、研发设备的要求和启动研发的资金等各个方面与前一类行业相比都要小得多。并且厂商相互之间的溢出水平比较高，原因在于这类行业的创新成果维持是一件较为困难的事情。复制活动在这类行业中频频发生，侵权案件的数量在这类行业中也是居高不下，关键在于创新成果的易复制性和复制成本的低廉。对于此类行业，我们认为应该适用比较宽松的保护制度进行保护，比如版权制度。

4.6 本章小结

综上所述，本章对软件版权制度保护问题进行了经济学的理论分析，并重点探讨了累积创新与计算机软件版权保护的关系。通过构建一个累积创新框架下的拍卖模型来探讨知识产权制度的福利效应，比较各种具体制度的效率及其在各种特殊产业中的应用保护问题。特别考虑了一个孤立创新框架下两家厂商创新竞赛的拍卖模型，之后引入累积创新框架，讨论当存在领先厂商的情况下两家厂商在“研究”与“开发”过程中的创新策略与行为，并分别考察了领先厂商单独开发、追随厂商模仿以及领先厂商授权追随厂商获得许可三种情况中的社会福利水平，并对模型的研究结论进行了应用扩展，将模型得出的结论进行比较，并结合不同的产业特征讨论知识产权保护政策的差异。

在计算机软件行业中，这类行业在研发人员的数量、研发设备的要求和启动研发的资金等各个方面要求相对较少，并且厂商相互之间的溢出水平比较高，原因在于这类行业的创新成果维持是一件较为困难的事情。复制活动在这类行业中频频发生，侵权案件的数量在这类行业中也是居高不下，关键在于创新成果的易复制性和复制成本的低廉。对于此类行业，我们认为应该适用比较宽松的保护制度进行保护，比如版权制度。

在生物技术、电子和医药等行业中，投资研发一种新药或是开发一种转基因的产品都需要政府给予很大的经济支持，一项创新活动的投资往往较高。而且行业内的各家厂商都极力维护各自的创新成果，因此厂商之间的知识溢出很少。对于这类行业，应该适用比较严格的保护制度进行保护，比如专利制度。但是，即使在此种情形下一个国家的知识产权保护程度的强弱也要与该国的技术水平和政策结合起来综合考虑。

总之，知识产权制度是一个开放的体系，它的创新和发展可以通过完善传统规则、建立保护新客体制度以及重构知识产权制度等多种途径来实现。当人们面对一种新的知识产权保护对象时，应该摒弃传统版权制度抑或传统专利制度的单纯比较和静态选择，更多地从动态的角度来看待知识产权制度的发展以及对新客体的包容。

5 软件专利制度保护的理论分析

本章将对软件专利制度保护问题进行理论分析，首先从经济学的角度给予一般的分析，主要是从激励创新和披露信息的角度解释软件专利制度保护的缘由以及对软件专利保护的限制问题，从而引申出对软件专利制度保护进行期限限制的问题。此后各节将专门探讨专利期限与计算机软件专利保护的关系，运用社会福利贴现值的模型，并分别引入创新成功概率 π 和创新效率 h 来研究软件专利保护的最优期限问题。

5.1 软件专利制度保护的经济学分析

软件知识产权保护不仅需要保护其“复制权”，更重要的是保护其核心的创造力，这才是软件厂商竞争的核心。专利权可以弥补版权保护的不足，给予软件产品的创新思想以保护。专利的英文“patent”实际上本义包括两层意思：一是“垄断”，二是“公开”。由此可见，垄断和公开是专利的两大基本特征。从这两个方面可以看出软件专利保护所具有的社会效用，也能够解释软件专利制度保护的经济学原因。

1. 通过赋予较强的垄断权利激励创新

作为私有财产权的专利制度具有显著的激励功能，绝大多数的经济学家和政府的政策制定者都相信，如果没有专利制度，软件开发和创新的数量将明显下降。主要原因在于，软件的开发是一种新信息的提供，而信息是一种公共物品。如果人们可以无偿地获得新的软件代码信息和新的软件产品，那么就不会有人愿意承担开发的成本。目前的软件厂商进行软件开发和研究的目的在于获得报酬，因此如果他们不能从研发中获利，就没有厂商愿意从事研究。

专利制度通过使后续的免费搭车的模仿者承担成本并适当延长模仿者的仿造时间，给予专利持有者以垄断的市场力量。由此产生的垄断利润可以强烈地吸引厂商首先去开发新的软件产品。理性的开发者进行成本高昂的研究直至进一步进行研究所产生的预期边际收益等于其边际成本，如果开发者的边际收益低于边际成本，该项开发研究就会因投入不足而导致创新数量下降。专利制度通过将专利垄断与竞争分隔，允许开发者获取与专利垄断生产有关的利润的绝大部分，从而将外部收益内部化，解决了典型的开发技术外溢的外部性问题。

2.通过提高法律壁垒遏制小国模仿侵权

在“智猪博弈”中，博弈双方力量不对等的情况下，力量强的一方的正确策略是主动出击，力量弱的一方的正确策略是等待，搭强者的便车。从这个博弈可以说明软件产业的大国和软件产业的中小国在对待软件保护问题上的分歧。因为软件大国是大猪，它们参与各种事务是有代价的，但收益也大；它们不参与，小国也不会参与。在创新过程中，可以有两种选择：一种是主动进行创新和研发，另一种是等待对方创新，自己通过模仿或其他方式分享较少的利益。软件大国和小国将会作出不同的创新决策，大国选择自主开发创新，小国选择模仿跟进。因此，大国就必然要求通过法律的手段设置必要的壁垒来阻止小国的模仿侵权，从而达到维持本国利益的目的。事实也表明，以美国为首的软件大国确实力图给予软件产品以严格的专利制度强保护。回顾美国软件专利保护的历史，可以发现围绕这一问题实际上贯穿着明暗两条主线：在明的是各国对软件专利保护的态度和侧重点的演进，在暗的起到决定作用的是经济和技术发展给市场主体带来的利益驱动。

3.通过期限限制加速信息披露和公开

因为专利权的内容包含解决新问题的知识，能够刺激和引发更多的创新和发明，所以加速专利信息的披露和公开，利用已有的专利信息，可以大大缩短后续研发的时间和成本。根据专利法的规定，专利说明书必须让熟悉该技术者了解其内容，并可据以实施，因此要求披露的内容必须详实。

对软件进行专利保护，必然提高对软件产品的新颖性的要求，这对厂商的预期利润和信息的披露都会产生较大的影响。对创新在原来的基础上的差异性要求提高，新软件专利越是难以获得，现有专利持有者可能获得的垄断利润越多，独占时间越长，结果会导致新颖性要求越严格，从事软件开发的动机越强。但是，另一方面，颁发软件的次数越少，越不容易获得专利保护，也可能导致从事软件开发的动机变弱。与此同时，颁发软件专利的次数变少，信息公开和披露的数量减少，也会延缓后续的研究和创新。因此专利权保护软件，必须注意对保护严格程度的一个权衡问题。

很显然，软件的专利保护仍然面临一个社会成本与社会收益、私人成本与私人收益的问题，即以垄断方式排斥公众自由使用软件产品在激励技术发明和创新的同时，也会人为地限制知识和技术的广泛传播及利用，并带来相应的社会成本。所以要在实践中合理控制软件专利的保护性垄断。限制软件产权保护性垄断的主要方式就是要设置合理的软件保护时间。根据软件更新速度快、收益率高等特点，软件的专利保护期限要明显短于版权保护的时间。通过缩短和限制保护时间可以加速软件信息和创新的公开及披露，有利于技术和知识的传播，从而提高社会效益。从此角度而言，专利更适用于软件的保护。但是目前的专利期限设置究竟是否已经达到最优的保护期限，这个问题将是以下部分研究的重点。

5.2 专利期限政策与软件专利保护

计算机软件是一种高科技产品，是信息产业的核心，对发展软件产业、优化我国产业结构、提高经济运行质量具有极其重要的作用。如何有效保护软件技术的知识产权，已成为软件产业的重要课题。由于以往软件仅依靠版权来保护，但是版权只能保护概念的表达方式，使得软件技术的保护出现严重的漏洞；而以专利制度来保护软件技术，如 Cohen 和 Lemley(2001)、Dennis S. Karjala(1998)、Pamela Samuelson(1994)等研究了传统专利法关于创新原则在软件产业的运用，则可以更好地保护软件的精华部分——设计思想和原理，美国、日本等国家均已调整了对计算机软件的专利审查基准，大大放宽了对软件专利审查的限制，软件专利保护已成为一种国际趋势。

然而，任何一种知识产权制度从来就是在公众利益与权利人利益之间寻找平衡点，虽然软件专利保护给予作者一定的权利，但法律同时应对这种权利予以严格的限制，避免技术垄断现象的发生。软件专利制度试图在向创新者提供激励的同时，又要防止专利垄断权带来的福利损失。由此引发了一系列关于软件产业的最优相关专利政策的研究，而其中争议颇多的关于软件专利保护的最优期限研究是最具历史的，也是最为重要的。

专利的期限有时候也被形象地称为专利的长度。在保护期限内，创新成果受到专利制度的严格保护；而超出专利保护期限后，专利失效，创新成果就进入公共领域，成为公共品。一般而言，期限越长，企业获得的垄断利润将越多，企业的创新激励越大，但是社会福利损失也越大；反之，期限越短，企业的创新激励显然越小，但是社会福利损失将越小。一方面，创新激励所关系到的长期技术进步和经济增长的动态效率要求专利的期限长度应该是足够长的，这样才能达到充分激励的目的；而另一方面，与垄断权利关联的社会福利水平损失的静态效率要求专利的期限应该是足够短的，这样才能尽可能地减少社会福利的损失。可见，这个基本的权衡问题带来了专利制度研究上最根本的课题，即最优专利期限的设计。不同的产业具有不同的特征，而新兴的软件产业中的软件产品在专利保护的方面将如何达到最优期限，这个兼具了理论性和实践性的问题就是本书的研究重点。

关于专利期限的最早研究思想可见于诺德豪斯(Nordhaus，1969)，他解释了为什么专利或其他知识产权应该是一个有限的期限。原因在于存在创新和福利损失的两难问题。随着诺德豪斯的理论研究以及谢勒(Sherer，1972)对诺德豪斯论文的几何阐释，专利制度的最优期限研究越来越受到重视。诺德豪斯(1969)首先研究了专利制度下企业的最优 R&D 研发支出。在既定保护期内，当企业从事技术创新的边际收益等于边际成本时的 R&D 成本便是企业的最优 R&D 支出。对政府而言，在确定最优专利保护期时，应该使得延长专利保护带来的边际社会成本等于边际社会收益。同时，他也指出专利期限的增加或缩短，会导致发明的数量相应地增加或减少。当专利期限增加时，两种相反的效应将影响经济福利的水平：一种效应是，一个长的专利期限带来的正效应是增加发明的数量，即在给定的投入水平条件下会增加产出；另一种效应是，一个长的专利期限意味着垄断期限的增加，即会扭曲资源配置，导致社会福利的损失。因此，最优专利期限就是这两种效应在边际上的平衡点，也就是说，最优专利期限的条件是社会福利(消费者剩余与生产者剩余之和减去成本)的最大化。基于此分析诺德豪斯构建了社会福利最大化的最优专利期限模型，其约束条件是企业从事研发活动时的利润最大化原则。同时诺德豪斯认为社会最优的专利保护期不会是无限长的。因为随着保护期的延长，虽然研发投入会增加，但取得的技术创新在降低生产成本方面却呈现出边际报酬递减的趋势，并且损失的消费者福利会越来越大，社会总福利越来越少。但是另外一方面专利保护期过短，专利制度对企业的激励就会失效。因此诺德豪斯模型得出一个重要推论：差别性的专利保护期更能增进社会福利，相应的政策建议是需要建立起强制实施的弹性制度。

这个推论后来引起了许多学者的讨论。张五常(1988)在20世纪70年代曾为美国专利商标局设计出一套对不同发明提供不同专利保护期限的制度。Wright(1983)虽然认为统一的专利保护期限制度存在很多缺陷，但是仍反对在事后根据不同研发成本的大小对专利权提供不同的保护。Merges和Nelson(1990)将专利保护期限视为专利权人垄断力量的持续时间，并结合保护的宽度来研究专利保护范围。Cornelli和Schankerman(1999)进一步论证了对不同企业提供不同年限的专利保护有利于增加社会福利，自动将在研发、盈利能力等存在差异的企业筛选出来，从而增进社会福利。

还有许多学者结合专利宽度来探讨专利保护期限问题。Gilbert和Shapiro(1990)将专利的宽度量化为企业的年利润流量。在企业净利润不变的前提下，对专利保护期限和宽度进行适当的搭配，从而实现社会福利的最大化，得到的结论是“窄范围”和“长期限”的专利政策。Klemperer(1990)和Gallini(1992)表明在某些条件下，“宽范围”与“短期限”的组合也可以是最优的。Klemperer(1990)指出当消费者的转换成本完全相同时，无限的专利长度是最优的；当所有消费者的保留价格完全相同时，无限的专利宽度是最优的。Gallini(1992)指出比较宽的专利和有限的专利长度是最优的。Denicolo(1996)对专利的最优长度和宽度的混合策略作了整理，认为有时比较宽的专利宽度和比较短的专利长度是最优的；有时则是比较长的专利长度和比较窄的专利宽度是最优的，这取决于产品市场的竞争程度。Maurer和Scotchmer(1998)也从模仿成本的角度探讨过此问题。Takalo(1998)构建了一个模仿者决定溢出水平的最优行为模型，发现宽度增加会选择专利保护，长度增加阻止溢出。在溢出水平低时，长度与宽度是替代的政策工具；当溢出水平高时，长度和宽度是互补的。如果限制有效政策的范围，创新者会选择将创新作为商业秘密加以保护。Takalo(2001)发展了一个独特的模型以包容一系列不同的结论，从而得到最优专利政策的一般结论。表5-1是Gilbert和Shapiro(1990)、Gallini(1992)以及Maurer和Scotchmer(1998)模型的比较。

表 5-1 “最优专利”模型比较

	Gilbert 和 Shapiro(1990)	Gallini(1992)	Maurer 和 Scotchmer(1998)
产品市场	有	有	有
模仿成本	—	有	有
许可授权	—	—	有
最优专利	长且窄	短且宽	长且窄

当专利保护范围研究置于累积性创新的框架下，研究又得到了进一步发展。Scotchmer(1991)认为，发明在受专利保护后，对后续发明产生三种影响：一是不采用在先专利，后续专利无法产生；二是在先专利可以降低后续发明的成本；三是节约后续发明时间。因此如果专利制度保护程度过高，过分保护在先发明会抑制后续发明者的积极性，那么整个社会就会选择从事基础性的研究；如果保护程度过低，社会就倾向于选择从事应用性的研究。Green 和 Scotchmer(1995)以及 O'Donoghuo、Scotchmer 和 Thisse(1998)在此方面都作出补充研究。潘士远(2005)通过构建一个动态一般均衡模型研究了最优专利长度和最优专利宽度问题，结论表明最优的专利长度和专利宽度应该都是有限的，即有限的专利长度才是最优的。

显然，具有统一专利长度(大陆的发明专利权的期限是 20 年)的专利制度效率是值得怀疑的。因此以下部分将沿用 Gilbert 和 Shapiro(1990)的分析方法，借用社会福利贴现值的模型，引入创新成功概率 $\eta\chi$ 和创新效率 h 来研究软件专利保护的最优期限。研究的基本框架如下：第三小节引入创新成功概率 $\eta\chi$，构建企业研发投资模型并进行分析，得出结论：在给定回报率条件下对于具有不同投资风险、不同创新成功率的行业，设定专利保护期限的效果可能不同。投资风险较高即创新成功率较低的行业，设定专利保护期限的专利政策可能会失效；而投资风险较低即创新成功率较高的行业，设定专利保护期限的专利政策才有可能发挥有效作用。第四小节引入创新效率 h，构建最优保护期限模型并进行分析，得出结论：随着行业创新效率的增加，最优专利期限首先增加，在达到最大值之后开始趋于减小，因此有必要根据具体的产业或行业的基本特征尤其是创新效率的高低，分别设定不同的专利期限并给予不同的专利保护。第五小节基于城市截面数据，研究了包含不同解释变量的回归结果，发现企业 R&D 经费支出和销售规模对企业专利申请数有显著的影响，而企业的利润水平对专利申请数的影响则不显著。第六小节是本章的结论。

5.3 专利期限政策的有效性分析

假定某软件企业 R&D 投资规模为 χ，并且是在期末一次性支付的。对应的创新成功(先于其他竞争者)的概率为 $\eta\chi$，即拥有原始创新 0 专利的软件企业继续获得创新 1 的概率为 $\eta\chi$。这里 $\eta>0$，表示原始创新企业在创新 1 的竞赛中率先获得成功的概率与其 R&D 投入成正比。在现实中，当企业创新成功概率越高的时候，也意味着企业创新的风险越低；反之，意味着企业创新的风险越高。假设软件用户总是偏爱新版本的软件，或者说继续使用旧有软件将无法应付新的实际需要(如杀毒软件和操作系统等)。为简单起见，假设在新软件开发成功后，用户会在短时间内①更新。

在如图 5-1 所示的创新阶梯上，我们假设软件的专利保护期限 T 总是限定在新的创新出现之前，即 T 和 $1+T$ 总是位于 1 和 2 的左方②。因为消费者总是偏好新的软件，所以若专利期限过长就会自动失去保护作用。

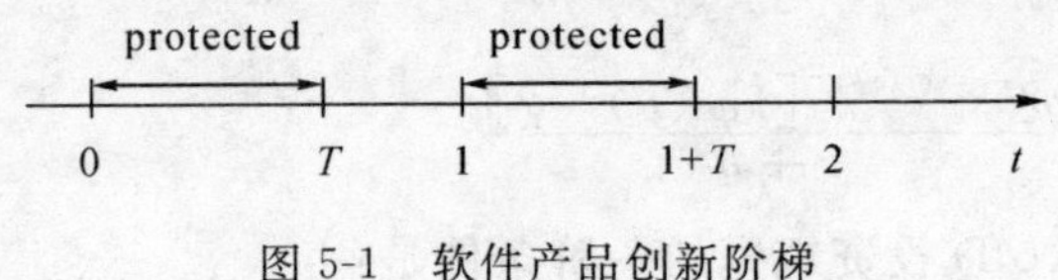

图 5-1 软件产品创新阶梯

5.3.1 企业预期利润和 R&D 投资规模决定

对于拥有原始创新 0 的代表性软件企业而言，其预期利润来源有两部分：第一部分来源于在 $(0,T)$ 期限内因受专利保护而获得的垄断利润流 π，这部分利润是确定的；第二部分则来自具有一定风险性的 R&D 投资的

① 在本章的模型中转换时间为零。

② 在创新阶梯框架内，每一个质量改进都意味着软件质量的提高，因此它抽象掉了软件领域不显著的细微改进。事实上，在现实中，专利当局在审核专利申请时所依据的最重要的要件就是发明的“新颖性”(novelty)；那些不具显著新颖性的发明将很难获得专利保护。因此我们的假设可以等价地表述为“专利保护的终止期限总是落在具有足够新颖性的新发明出现之前”。

预期利润，其对应的期限为 $(1, 1+T)$，成功概率为 $\eta\chi$[①]。我们假设其研发成本具有边际递增的性质，即形式为 $\eta\chi^2$，这里 χ^2 前面的系数是固定的并且任意的，为了后面模型推导得到解析解的方便我们将系数设为 η。在 $(T, 1)$ 和 $(1+T, 2)$ 时期内，由于专利期限已过，软件成为公共产品，利润降为 0。由于第一部分利润是确定的，对于 R&D 投资来说是事先给定的，所以它不会影响到企业 R&D 投资决策。因此，该企业预期利润的贴现值可以表示为：

$$P = \int_1^{1+T} \eta\chi\pi e^{-rt} dt - \eta\chi^2 e^{-r1} \tag{5-1}$$

由于创新 1 的发生时间是不确定的，我们不妨假设新创新的到来服从 poisson 过程，poisson 流强度为 h，即单位时间内发生创新的概率为 h。到时间 t 出现创新的概率为 $1-e^{-ht}$。由此得出在单位时间内出现创新的边际概率为 he^{-ht}。可以将 h 定义为创新效率，创新效率越高意味着创新越容易获得。但是 h 越大，代表性企业越有可能在与其他企业的创新竞赛中落败，因而所面临的创新风险也越大。在这样的设定下，在 $(0, T)$ 之间未发生新创新的概率是 e^{-hT}，式(5-1)可以修正为：

$$\begin{aligned} P &= \int_0^T \pi e^{-rt} dt + \int_T^{\infty} \left(\int_\tau^{\tau+T} \eta\chi\pi e^{-rt} dt - \eta\chi^2 e^{-r\tau} \right) e^{-tT} h e^{-h\tau} d\tau \\ &= \frac{\eta\chi h e^{-(r+2h)T} [\pi\varphi(T) - \chi]}{r+h} \end{aligned} \tag{5-2}$$

企业最优 R&D 投资规模的一阶条件是：

$$\frac{\partial P}{\partial \chi} = 0 \quad \Rightarrow \quad \chi^* = \frac{\pi\varphi(T)}{2} = \frac{\pi(1-e^{-rT})}{2r} \tag{5-3}$$

其中，$\varphi(T) \equiv \dfrac{1-e^{-rT}}{r}$

又因为 $\dfrac{\partial^2 P}{\partial \chi^2} = -2 < 0$，所以上述 R&D 投资规模是利润最大化的规模。根据式(5-3)，我们可以发现 π 增加会导致 R&D 最优投资增加，即利润流的增加会诱使企业把更多的资金投入到 R&D 中。另外，由于专利期限 T 的延长会增加未来预期创新利润，专利期限 T 的增加也会导致 R&D 投资的增加。

① 因为 η 是一个人为设定的正参数，其取值没有先验的范围。为了其在模型中具有经济学意义，我们可以假定其取值总能满足 $\eta\chi < 1$，即 η 总能满足 $\eta \leqslant 1/\chi$。

5.3.2 给定预期利润条件下的专利期限分析

假设维持创新激励的利润至少需要 $\underline{P}$，即 $P \geqslant \underline{P}$，$P$ 至少要在 $P = \underline{P}$ 处成立。容易发现，只有当条件 $P^* = P(\chi^*) \geqslant \underline{P} \geqslant 0$ 满足时，企业才会有创新的动力，否则企业将退出创新竞赛，从而导致技术停滞不前，这显然不符合实际。而在这一条件满足的前提下，我们可以在预期利润给定的条件下探讨最优专利期限的决定问题。如果专利政策制定者考虑到要使专利期限不影响企业获得的（最低）给定报酬 $\underline{P}$，那么其政策空间就由下面的等式决定。

$$\frac{\mathrm{d}\underline{P}}{\mathrm{d}T} = \frac{\partial \underline{P}}{\partial T} + \frac{\partial \underline{P}}{\partial \chi^*}\frac{\partial \chi^*}{\partial T} = \frac{\partial \underline{P}}{\partial T} = 0 \tag{5-4}$$

即
$$\pi \mathrm{e}^{-rT} + \frac{\eta\chi h}{r+h}\left[-(r+2h)\mathrm{e}^{-(r+2h)T}(\pi\varphi(T) - \chi^*) + \pi \mathrm{e}^{-2(r+h)T}\right] = 0 \tag{5-5}$$

经整理后得到

$$(r+h)\pi \mathrm{e}^{2hT} = \eta\chi^* h\left[(r+2h)(\pi\varphi(T) - \chi^*)\right] - \pi \mathrm{e}^{-rT} \tag{5-6}$$

定义 $G(T) \equiv (r+h)\pi \mathrm{e}^{2hT}$，可见 $G'(T) > 0, G''(T) > 0$，它可以被看成是专利期限延长对原有创新利润的边际影响。显然这一边际效应随 h 和 T 的增大而增大。一方面 h 增大表明未来创新竞争更趋激烈，从而使依赖专利保护而获得的当期创新利润更具吸引力；另一方面，在 R&D 投资存在风险的情况下，专利期限的延长对当期创新利润的影响随着期限的延长而递增。另外，定义 $H(T) \equiv \eta\chi h\left[(r+2h)(\pi\varphi(T) - \chi)\right] - \pi \mathrm{e}^{-rT}$，可见

$$H'(T) = H_1(T, \chi^*(T)) + H_2(T, \chi^*(T))\chi^*(T) \tag{5-7}$$

其中，H_i 表示 H 对第 i 项的偏导数。代入 $\chi^*(T)$ 即式(5-3)后可以得到

$$H'(T) = \frac{\eta\chi^* h\pi(r+2h)\mathrm{e}^{-rT}}{2} + r\pi \mathrm{e}^{-rT} > 0 \tag{5-8}$$

于是我们也有

$$H''(T) = -r\pi \mathrm{e}^{-rT}\left[\frac{\eta\chi^* h(r+2h)}{2} + r\right] \tag{5-9}$$

$H(T)$ 的经济学含义是专利期限延长对未来创新利润的边际影响。在其他条件不变的情况下，它同样随着创新竞赛激烈程度的增加而增加，但是

却随着专利期限的延长而递减。当式(5-6)成立的时候,两个边际影响恰好抵消,此时专利期限的边际调整不影响创新企业的既定利润。

在图 5-2 中,$G(T)$是一条凸状曲线,而 $H(T)$则是一条凹状曲线。η 的大小影响到 $H(T)$的垂直位置。当 η 较小的时候,在该情况下设定专利期限保护政策将是无效的 —— 此时没有一个合适的专利期限能够保证企业获得既定的利润。只有当 η 足够大(R&D 投资回报足够大,投资能获得成功的概率足够高)时,$G(T)$与 $H(T)$ 才会有交点,那样专利期限的设定才有可能保证创新企业的预期利润水平,即此时设定专利期限保护政策才是有效的。需要指出的是,由于

$$G(0)=(r+h)\pi>0 \tag{5-10}$$

$$H(0)=-\eta(\chi^{*})^{2}h(r+2h)-\pi<0 \tag{5-11}$$

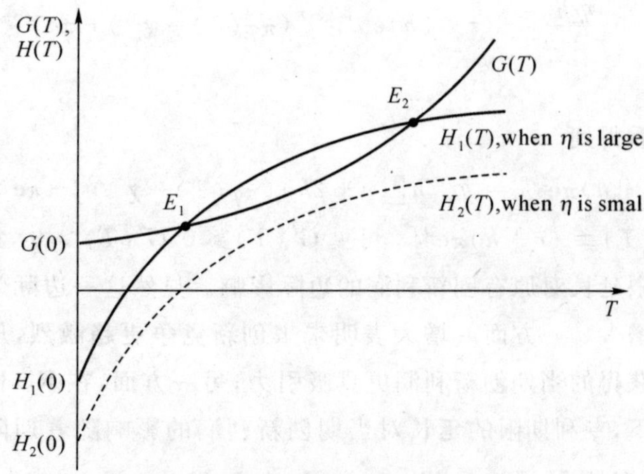

图 5-2 给定预期利润条件下的专利期限

当曲线 $G(T)$和 $H(T)$相交时存在两个交点 E_1 和 E_2(唯一的例外是,当两条曲线相切时,两个交点合而为一)。但是在原有预期创新利润给定的条件下,E_1 在帕累托意义上优于 E_2,这是因为在企业的预期创新利润不受影响时,社会能从更短的专利期限获得额外的公共品的收益(正如本书下一部分所设定的那样,专利失效后社会福利流将会上升),这样我们就可以剔除严格劣均衡 E_2。

在均衡点 E_1 以左,$H(T)<G(T)$,专利期限的增加会增加当前创新企

业的利润；在均衡点 E_1 以右，$H(T)>G(T)$，专利期限的增加会减少当前创新企业的利润；只有在均衡点 E_1 处，$H(T)=G(T)$，专利期限的设定才不会对既定的利润造成影响。

根据图 5-2 还可以发现，在存在均衡的情形下，当 R&D 成功概率较小（η 较小）的时候，不影响利润的专利期限较长。这是因为在 η 较小的时候，较低的 R&D 成功概率使得事先给定的预期创新利润也较小，此时只有专利期限作适当的延长才能在一方面提高预先给定的利润以弥补 R&D 的低成功率给企业带来的预期利润的下降，在另一方面也能够使专利期限在新的均衡值附近的边际调整不对既有利润造成影响。

设由式(5-6)决定的专利期限为 $\hat{T}$，η 的临界值就由 $G(T)$ 与 $H(T)$ 的相切条件给出，即

$$2h(r+h)e^{(r+2h)\hat{T}}=\hat{\eta}\chi h(r+2h)+r \tag{5-12}$$

或

$$\hat{\eta}=\frac{2h(r+h)e^{(r+2h)\hat{T}}-r}{\chi h(r+2h)} \tag{5-13}$$

式(5-12)和式(5-13)是一种刀刃上的均衡，只有当外生参数恰好满足等式条件时，这种均衡才能达到。在 η 较小，专利期限政策无效的时候，我们就应该考虑用其他的专利政策维度，例如宽度，来保护专利产品。

上述分析表明，只有当软件企业面临的投资风险较小、创新成功率较高时，专利期限的设定才能在给定回报水平下发挥政策作用，激励企业更多地进行 R&D 投资。

5.4 引入创新效率的最优软件专利期限模型

接下来探讨对社会最优的专利期限是如何决定的问题①。一个基本的假定是代表性软件企业所面临的创新市场是竞争性的。

① 这一部分探讨的最优专利期限有别于 5.3 部分公式(5-6)中的专利期限。公式(5-6)中的专利期限 T 是对企业预期创新(R&D)利润不造成影响的专利期限，或者说给定微观创新利润条件下的专利期限。而这一部分探讨的最优专利期限是社会最优意义上的，没有预设的创新利润给定的约束。

5.4.1 社会福利的贴现

对于一个社会来说，它追求的是每期创新的社会福利最大化，即只需使 (0,1) 期间内社会福利最大化的专利保护期限为 T。根据 Gilbert 和 Shapiro(1990)，假定专利保护期限 T 内，受保护软件企业能获得垄断利润流 π，相应的社会福利函数为 $w(\pi)$，$w'(\pi)<0$；在专利期限过后，软件成为公共品，社会福利上升至 $\overline{w}$。

如前面的设定，有意义的专利保护落在新创新未出现之前，即 (0,1) 之间，因此 (0,1) 之间的贴现福利值为①：

$$\begin{aligned}V&=\int_0^T w(\pi)\mathrm{e}^{-rt}\mathrm{d}t+\int_T^{\infty}\overline{w}h\,\mathrm{e}^{-ht}\mathrm{e}^{-rt}\mathrm{d}t\\&=\int_0^T w(\pi)\mathrm{e}^{-rt}\mathrm{d}t+\int_T^{\infty}\overline{w}h\,\mathrm{e}^{-(r+h)t}\mathrm{d}t\\&=w(\pi)\varphi(T)+\overline{w}h\,\mathrm{e}^{-hT}\int_T^{\infty}\mathrm{e}^{-(r+h)t}\mathrm{d}t\\&=w(\pi)\varphi(T)+\frac{\overline{w}h}{r+h}\mathrm{e}^{-(r+2h)T}\end{aligned}\tag{5-14}$$

使社会福利贴现值最大化的最优专利期限满足一阶条件：

$$\frac{\partial V}{\partial T}=w(\pi)\varphi'(T)-\frac{\overline{w}h\,(r+2h)}{r+h}\mathrm{e}^{-(r+2h)T}=0\tag{5-15}$$

最优专利期限使当前创新的边际社会福利和未来创新的边际社会福利恰好相等，即

$$w(\pi)=\frac{\overline{w}h\,(r+2h)}{r+h}\mathrm{e}^{-2hT}\tag{5-16}$$

于是最优专利期限

$$T^{*}=\left(1-\frac{1}{2h}\right)\log\left[\frac{w(\pi)\,(r+h)}{\overline{w}h\,(r+2h)}\right]\geqslant 0\tag{5-17}$$

5.4.2 社会福利的比较静态分析

通过对社会福利的比较静态分析，可以得到命题 5-1。

① 实际上前面关于专利期限的讨论是从政府的角度考虑的，该部分的小标题就是“给定预期利润条件下的专利期限政策分析”。从政府的立场出发，我们可以认为它对真实的 R&D 市场结构不甚了解，而只是认为需要给企业一个创新利润激励。在完全竞争的情况下，这个 $\underline{P}$ 就等于零。

命题 5-1：(1)企业获得利润流 π 越大，最优保护期限 T^* 越长；(2)专利过期以后，给社会带来的福利越大，最优保护期限 T^* 越长；(3)利率 r 越大，最优保护期限 T^* 越短；(4)行业中出现的企业的创新效率 h 与最优保护期限 T^* 的关系不确定。

证明：

(1) $\frac{\partial T^*}{\partial \pi}=\frac{\partial T^*}{\partial w(\pi)}w'(\pi)=\left(\frac{1}{-2hw}\right)w'(\pi)$，因为 $w'(\pi)<0$，所以 $\frac{\partial T^*}{\partial \pi}>0$，这说明企业获得利润流越大，最优保护期限 T^* 越长。

(2) $\frac{\partial T^*}{\partial \overline{w}}=\frac{1}{2h\overline{w}}>0$，即软件专利过期以后，给社会带来的福利越大，最优保护期限 T^* 越长。

(3) $\frac{\partial T^*}{\partial r}=-\frac{1}{2(r+h)(r+2h)}<0$，即利率 r 越大，最优保护期限 T^* 越短。

(4) $\frac{\partial T^*}{\partial h}=\left(-\frac{1}{h}\right)T^*+\frac{r^2+4hr+2h^2}{2h^2(r+h)(r+2h)}$，其中前一项小于0，后一项大于0。但是对于一定的参数值我们可以得到 T^* 与 h 的大致关系。图5-3模拟了由 $\overline{w}/w(\pi)=2$ 或2.5及 $r=0.1$ 或0.15形成的四种参数组合设定下，T^* 与 h 之间的非线性关系①。证毕。

根据数值模拟结果，子命题(1)～(3)含义也可以在图5-3中得到体现：在 r 给定的条件下，$\overline{w}/w(\pi)$ 上升将使任一 h 所对应的 T^* 增加；在 $\overline{w}/w(\pi)$ 给定的条件下，r 上升将使任一 h 所对应的 T^* 减少；在 $\overline{w}/w(\pi)$ 和 r 给定的情况下，h 增大会使最优专利期限 T^* 先增大后减小。这些结果实际上反映了这样的经济学逻辑：首先，当专利保护期限内软件产品的社会福利与专利失效后的社会福利差距较大时，专利期限应有所延长以维持软件开发厂商的R&D激励；其次，当利率上升以后，当前社会福利贴现值的下降速度要快于未来社会福利贴现值的下降，因此通过缩短专利期限来减少当前福利同时增加未来福利，能使社会福利总贴现水平保持在尽可能高的水平；再次，在其他条件不变的情况下，较长的最优专利期限可以适用于具

① 当我们选取其他参数值时，发现曲线形状保持不变，即呈单峰状形态。这说明图5-3所表示的最优专利期限与行业创新效率之间的关系是稳健的。

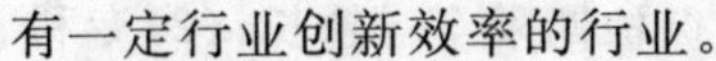

有一定行业创新效率的行业。

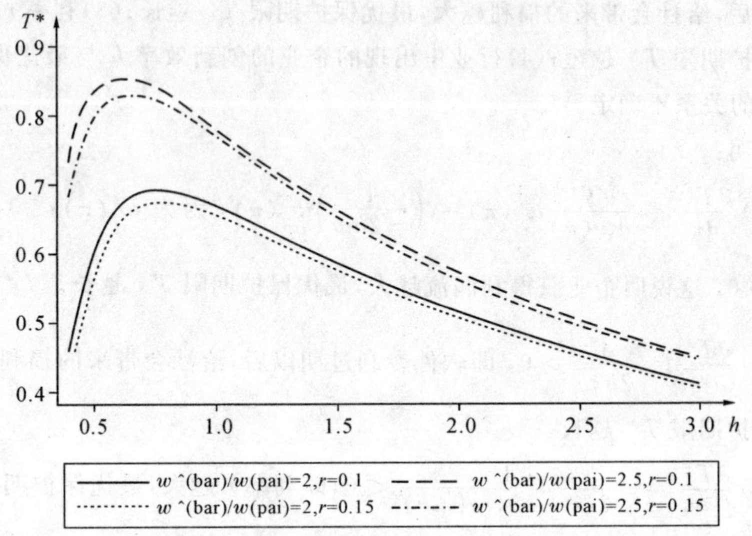

图 5-3　不同参数设定下最优专利期限与行业创新效率的偏相关关系

5.4.3　模型的应用扩展

根据图 5-3 可知，最优专利期限与行业的创新效率呈现单峰状形态的变化关系，表明最优专利期限与行业创新效率之间的关系是稳健的。也就是说，随着行业创新效率的增加，最优专利期限首先增加，在达到最大值后开始回落趋于减小。因此，设定统一专利期限的专利制度效率有时是值得怀疑的，应该根据具体的产业或行业的基本特征尤其是创新效率的高低，分别设定不同的专利期限并给予不同的专利保护。

与专利保护的其他传统产业（如生物医药、集成电路等）相比，软件行业中的软件产品在现实中往往更新速度快、产品的生命周期短、开发技术发展快且软件开发具有经验累加性，因此软件企业的创新效率 h 比较大，比较容易获得创新，所以对于软件产品的最优专利保护期限落在图形的右半支的概率较大。但是具体而言，对于具有不同行业创新效率即表现为不同生命周期的软件产品应该给予不同的保护期限。所谓软件生命周期，是指软件产生直到报废的生命周期，周期内有问题定义、可行性分析、总体描述、系统设计、编码、调试和测试、验收与运行、维护升级到废弃等阶段，这种按时间分程的思想方法是软件工程中的一种思想原则，即按部就班、逐步推进，每个阶段都要有定义、工作、审查、形成文档以供交流或备查，以提高软件的质量。

一般而言，软件产品可以分为系统软件、支撑软件、应用软件和嵌入式软件。例如，对于系统软件中的操作系统而言，它的生命周期相对来说应该长一些，但也会受到其提供企业自身利益的考虑而做出有利于自身的决定，而不一定是符合用户的决定。微软提出了其商用软件的支持周期策略为10 年，即 5 年主流支持加上 5 年扩展支持；对于系统软件中的数据库的生命周期有时会比操作系统还要长一些，因为数据库追求的首先是稳定，而不是最新，大企业数据库更新的周期一般为 10 年，中小企业为 6 年。而应用软件则以服务为主，生命周期对于用户和企业来说并非特别重要，服务已经成为应用软件中非常重要的一环，特别是管理软件的服务已经成为影响到管理软件“寿命”的重要因素。对于应用软件中的杀毒软件产品的生命周期，既决定于操作系统的升级换代，也与病毒的繁衍息息相关。一般会与新的操作系统同步甚至提前推出，以保证使用新操作系统用户的系统安全，目前炒得最热的 64 位杀毒软件就是如此。对于支撑软件中的中间件，是企业应用基础架构和企业应用软件构建的基石，各种复杂的、大型的企业应用都离不开中间件的支持，这一特性决定了任何一个中间件产品都不可能突然结束其生命周期。中间件市场上约定俗成的生命周期一般定义为 5 年。因此，根据软件产品生命周期的现实，对于软件产业中不同类型软件产品的保护期限应不同于传统的专利保护期限，需要单独确立保护期限。

5.5 基于城市截面数据的实证研究

中国的软件开发企业一般都集中在大中型城市，其中以沿海地区居多。表 5-2 列出了 2002 年我国不同地区软件开发行业的相关数据。从各项指标的地域分布来看，在软件开发企业数量、软件开发项目和经费投入、专利申请和拥有量、R&D 人员配备和经费支出以及软件销售额和利润总额等方面，东部沿海地区明显地领先于中西部地区。软件开发行业的这种鲜明的向沿海倾斜的地域分布特征，不仅得益于东部地区吸引高新技术产业投资的优越的政策条件，更重要的可能是东部地区良好的经济环境、较高的人力资本水平以及相对发达的交通通讯等基础设施条件诱致了产业集聚的形成。

表 5-2 2002 年不同地区软件开发活动相关数据统计

	东部	中部	西部	全国总计
企业数(个)	2906	427	407	3740
项目情况:				
项目数(个)	8851	2133	1960	12944
项目经费内部支出(万元)	517655	64197	77143	658995
专利情况:				
专利申请数(件)	1325	184	283	1792
发明专利申请数(件)	493	67	73	633
发明专利拥有量(件)	561	121	119	801
R&D 情况:				
R&D 人员(人)	47022	9287	8743	65052
R&D 经费内部支出(万元)	375461	53400	33824	462685
财务情况:				
软件销售额(万元)	1743589	143785	434637	2322010
利润总额(万元)	279440	54750	92345	426536

数据来源:根据国家统计局《软件开发活动统计资料(2002)》(http://www.stats.gov.cn/tjsj/qtsj/rjkf/),经整理得到。

由于专利申请数反映的是软件开发企业采取专利的形式来保护创新成果的意愿,当专利能更有效地保护软件开发企业的创新利润时,从理论上讲企业会更多地选择专利来作为自己创新利润的保障。因此专利申请倾向能在很大程度上作为专利有效性的代理变量。虽然根据 Mansfield 等(1981)、Levin 等(1987)、Cohen 等(2000)以及 Arundel 等(2001)的实证研究,一般而言,专利并非总是企业确保 R&D 利润的最佳选择,商业秘密、时间上的领先、学习曲线效应以及营销和服务方面的努力通常比专利更能保护创新利润①,但是就截面研究而言,假定在控制了其他可能影响专利申请数的变

① 见王争(2006)对此所做的一个相关综述。

量以后专利作为一种产权保护制度的有效性不随地区变化而变化，我们就仍然能够从专利申请数的跨城市变化中解析出某些因素的影响。

根据国家统计局发布的《软件开发活动统计资料(2002)》(参见本书附录)中关于各个省会城市和沿海开放城市的统计指标，可以先计算得到按软件销售额划分的不同规模等级企业的项目指标、专利指标、R&D 指标和财务指标的平均值。根据这些平均值指标，构建如下回归方程：

$$\begin{aligned} pt_i = &\beta_0 + \beta_1 \times ptno_i + \beta_2 \times entpsno_i + \beta_3 \times rd_i \\ &+ \beta_4 \times prft_i + \beta_5 \times ipr_i + \beta_6 \times scl_i \\ &+ \beta_7 \times rgn_i + \beta_8 \times scl_i \times rgn_i + v_i \end{aligned} \tag{5-18}$$

其中，i 是不同城市的标识；被解释变量 pt 表示专利申请数；$ptno$ 表示发明专利拥有量，它是软件开发企业 R&D 能力的一种反映，加入它是为了控制现有专利拥有数量对申请数的影响；$entpsno$ 表示企业数量，它能够反映竞争程度对专利申请意愿的影响；rd 表示平均 R&D 经费内部支出额，它反映了软件开发的投入水平；$prft$ 表示平均利润，它反映了具有不同事后利润水平的企业的专利申请意愿；ipr 是地区知识产权保护指数，其数值来自樊纲和王小鲁(2004)的研究报告；scl 和 rgn 分别是按销售额划分等级的规模虚拟变量(500 万以下＝0，500 万～1000 万＝1，1000 万～5000 万＝2，5000 万以上＝3)和按所在省份是否沿海赋值的地区虚拟变量(沿海＝0，内地＝1)，乘积 $scl \times rgn$ 是它们的交互项；v 是随机误差项。

表 5-3 列出了包含不同解释变量的回归结果。根据现有的模型诊断指标，我们认为模型 3 可能比其他两个模型更具解释力。根据模型 3 的回归结果，正如预期的那样，R&D 经费支出和企业销售规模对当年专利申请数均有显著的影响。从标准化系数来看，相比 R&D 经费支出，销售规模对企业专利申请数具有更大的影响强度。其余的因素都没有显著影响。尤其值得注意的是，利润水平对专利申请数的影响也是不显著的，这可能反映了这样的事实：相比低利润的软件企业，高利润软件企业并不具有更强的动机去申请专利以保护自己的 R&D 成果；反过来，这也意味着现有的专利制度在确保软件企业创新利润方面并不具有很强的吸引力。表 5-4 的相关系数矩阵也表明，专利申请数与 R&D 指标、项目指标和利润指标之间并不存在很强的正相关。这实际上印证了前文所引专利实证研究文献对具有统一规格的专利制度效率的质疑。

表 5-3　基于城市截面数据实证研究的回归结果

被解释变量：专利申请数						
	模型 1		模型 2		模型 3	
发明专利拥有数	0.5800 (0.6027)	0.3512	0.5754 (0.5777)	0.3485	0.5165 (0.5398)	0.3128
企业数	−0.0006 (0.0007)	−0.0164	0.0011 (0.0010)	0.0333	0.0016 (0.0013)	0.0455
R&D 经费内部支出	0.0011** (0.0005)	0.1988	0.0007 (0.0004)	0.1334	0.0007* (0.0004)	0.1382
利润总额	0.0001 (0.0002)	0.0844	0.0001 (0.0002)	0.0509	0.0001 (0.0001)	0.0913
知识产权保护指数	0.0566 (0.0521)	0.0671	0.0400 (0.0456)	0.0474	−0.0278 (0.0495)	−0.0329
规模虚拟变量	—	—	0.6180* (0.3521)	0.1899	1.0719* (0.6152)	0.3293
地区虚拟变量	—	—	—	—	0.4141 (0.4112)	0.0573
虚拟变量交互项	—	—	—	—	−1.0003 (0.6433)	−0.2716
观测数	105		105		105	
F 检验	5.07***		8.31***		11.8***	
R^2	0.2594		0.2831		0.3128	

注：括弧中的数字表示对异方差稳健的 White 标准误；模型第二列中的数字表示变量的标准化系数；*、**、*** 分别表示在 10%、5%和 1%的水平上显著。

表 5-4　基于城市截面数据实证研究的相关系数矩阵

	专利申请数	R&D 人员	R&D 经费内部支出	项目数	项目经费内部支出	利润总额
专利申请数	1.0000					
R&D 人员	0.2901	1.0000				
R&D 经费内部支出	0.3492	0.8376	1.0000			
项目数	0.2617	0.7587	0.4370	1.0000		
项目经费内部支出	0.1036	0.1342	0.1179	0.1300	1.0000	
利润总额	0.3708	0.8614	0.6626	0.7619	0.1636	1.0000

5.6 本章小结

综上所述，本章对软件专利制度保护问题进行了理论分析，主要是从激励创新和披露信息的角度解释软件专利制度保护的缘由以及对软件专利保护的限制问题，从而引申出对软件专利制度保护进行期限限制的问题。重点探讨了专利期限与计算机软件专利保护的关系，通过运用社会福利贴现值的模型，并分别引入创新成功概率 πx 和创新效率 h 来研究软件专利保护的最优期限问题，基本得出以下的若干结论。

当通过引入创新成功概率 πx 构建模型来分析设定专利期限政策保护的有效性问题时，发现在给定回报率条件下对于具有不同投资风险、不同创新成功率的行业，设定专利保护期限的效果可能不同。当 R&D 研发成功概率小（风险较大）时，设定专利保护期限的专利政策可能会失效；而当 R&D 研发成功概率大（风险较小）时，设定专利保护期限的专利政策往往有效。那么，当专利期限无效的时候，我们就应该考虑运用其他的专利政策维度，例如宽度，来保护专利产品。上述分析也表明，只有当软件企业面临的投资风险较小，创新成功率较高时，专利期限的设定才能在给定回报水平下，激励企业更多的进行 R&D 投资。

当通过引入创新效率 h 构建模型来分析最优软件保护期限问题的时候，发现随着行业创新效率的增加，最优专利期限首先增加，在达到最大值后开始趋于减小。因此有必要根据具体的产业或行业的基本特征尤其是创新效率的高低，分别设定不同的专利期限并给予不同的专利保护。由于软件产业的创新效率较高，即对应于图 5-3 中右半支的概率较大，因此相对于传统行业的保护期限，应该设置较短的软件专利保护期限。

最后通过一个实证研究发现，在实际中，利润对软件企业的专利申请意愿并没有显著影响，高利润的软件企业并不具有申请专利以保护 R&D 成果的显著动机。这就对当前专利制度的运行效率（如审查过程中的效率）和经济效率（如统一专利长度的设定）提出了挑战。

6 TRIPS 协议下软件知识产权国际保护

从前述的章节中不难发现美国等软件大国和知识产权大国已经趋向于在各自的国家内对软件进行严格的保护，并且力图通过国际法、国际组织和国际多边协议将此种强保护蔓延和扩张到整个世界。同时，互联网使得全球化的速度加快、信息分享的程度加深，国与国之间必须通过合作才能保护知识产权。尤其在 20 世纪 90 年代之后，发达国家开始出台和推行一些国际协议，运用 WTO 框架下的 TRIPS 协议来提高全球的知识产权保护水平。因此本章将从 TRIPS 协议的内容、经济意义等方面来探讨软件知识产权国际保护的效应以及策略等问题。

6.1 加强知识产权保护的 TRIPS 协议

本节主要是围绕着加强全球知识产权保护的 TRIPS 协议，介绍 TRIPS 协议的形成和有关软件保护的条款，并从宏观的视角分析 TRIPS 的基本经济意义以及学者们的相关研究。

6.1.1 TRIPS 协议概述

TRIPS 协议，即《与贸易相关的知识产权协议》，是 WTO 的附件，它为主要的知识产权保护形式，包括专利和版权，设置了一定的最低标准。它要求成员国遵守主要的国际知识产权公约，包括《伯尔尼公约》和《巴黎公约》。TRIPS 中包括一个特别条款，它要求成员国按照《伯尔尼公约》像保护文字作品一样保护软件，无论是源代码还是目标代码。由于 TRIPS 提供的知识产权保护只是最低的保护，成员国有权在他们的法律体系下提供更为广泛的知识产权保护。

TRIPS 协议的形成，主要来源于两方面的原因：一是由于世界知识产权保护体系本身的弱点；二是由于国际贸易发展的新特点和新格局的需要。

1967年7月14日,51个国家在斯德哥尔摩签订了《世界知识产权组织公约》,下辖的国际知识产权条约共26个,形成了世界性的知识产权保护体系。但是这个知识产权体系从一开始就相当脆弱,主要表现在:第一,参加各公约或条约的成员国参差不齐,使法律的约束力缺乏普遍性,有些条约像美国这样的超级大国都没有参加,这不能不令人怀疑这些国际条约的效力。第二,有的公约形成于一个世纪以前,其保护范围不能适应新世纪快速发展的技术革命,如生物医药、集成电路、电子商务等领域都未被包容进去,这必然会影响保护的整体水平。第三,缺乏有效的争端解决机制,这是世界知识产权组织最大的弱点。除了上述原因外,世界贸易发展的新趋势也是促使TRIPS产生的一个直接的重要原因。进入20世纪,人类在科学技术方面取得飞速发展,新技术、新发明层出不穷,特别是互联网的出现,使科学技术渗入到社会生活的各个领域。科学技术对经济增长的贡献由上世纪初的5%左右上升到60%~70%,技术成果和技术产品在全球范围内广泛流转和应用,改变了传统国际贸易的格局,使国际贸易从单一的有形货物转向多元的有形货物贸易、服务贸易和知识产权贸易,并且其中的知识产权贸易呈快速增长之势。据统计,世界技术贸易额20世纪70年代中期为110亿美元,80年代中期为500亿美元,90年代达1000亿美元。各国出口的有形货物中知识产权含量也逐年上升,特别是发达国家,占其全部出口产品的40%。随着知识产权贸易数量和比重的不断增加,发达国家逐步认识到原有知识产权体制不能保护其利益,别国盗用名牌商品、假冒仿制商品、盗版录像制品和电脑软件屡见不鲜,知识产权受到的侵权损失日益严重。针对国际贸易中出现的这些新特点和原有的世界知识产权保护体系难以解决国际贸易中侵犯知识产权的问题,发达国家在乌拉圭回合谈判中,坚持要将知识产权问题纳入谈判范围之内。最后,在美国、欧洲等发达国家的坚持下,在乌拉圭回合的最后文本中形成了《与贸易有关的知识产权协议》。这个协议的签订,在此后的较长时期内,对美国、欧洲等技术发达国家和知识产权大国十分有利,而发展中国家为了引进技术必须支付高额代价。

TRIPS协议中与软件保护相关的条款有多处,其中主要包括对程序代码、出租许可权和保护期限的规定。第2部分第10条第1款规定:"计算机程序,无论是源代码(人读的)或是目标代码(机读的),应作为《伯尔尼公约》(1971)项下的文字作品加以保护。"条款还规定:"数据和其他材料的编辑,由于它们的选择安排组成了智力创造，也应如此保护。"此外，这些保护"不能延伸到数据……材料本身"。条款 9 强调了只有表达和非"思想、过程、操作方法或算法概念之类"在版权法保护领域。关于出租许可权问题，TRIPS 协议第 11 条规定："至少对于计算机程序及电影作品，成员应授权其作者或作者的合法继承人许可或禁止将其享有版权的作品原件或复制件向公众进行商业性出租。"可见，TRIPS 协议是把计算机软件著作权人的出租权作为一项独立的权利加以保护的。出租权作为版权法领域中的一项权利，对于保护著作权人的利益至关重要。在保护期限方面，TRIPS 协议第 12 条规定："除摄影作品或实用艺术作品外……保护期将不短于自己许可出版之年年底起 50 年，或在创作之后 50 年内未许可出版的情况下为自创作之年年底起 50 年。"对于绝大多数作品，包括计算机程序和录音制品，保护期必须至少为 50 年。

6.1.2 TRIPS 协议的经济意义

TRIPS 协议在整个国际法的领域内提高了全球的知识产权保护程度；在版权和专利等众多方面，提供了对称的世界范围内的保护标准。IPR 的世界标准是伴随着美国和大多数发达国家积极推行的严格的法律实施和有效的争端解决逐步提高的。与原有的知识产权保护体系相比，TRIPS 协议把全球知识产权的保护程度都广泛地提升到了一个新高度。

1. 知识产权的整体保护水平得到提高

在保护范围方面，扩大了知识产权的保护范围，根据 TRIPS 协议第 2 部分的规定，国际贸易领域内对知识产权提供保护的对象主要是国际知识产权贸易所涉及的标的，以及有形货物国际贸易中涉及的知识产权，包括著作权及其相关权利、商标、地理标记、工业品外观设计、专利、集成电路布图设计和未公开的信息，其中集成电路布图设计和商业秘密在国际性条约中都是首次涉及。

在保护期限方面，延长了知识产权的最短保护期，规定专利的保护期不少于 20 年，包括计算机软件在内的著作权保护期为 50 年，集成电路布图设计的保护期不得少于 10 年。同时，在协议的第 72 条和保留条款中规定，未经其他成员同意，不能对本协议中的任何条款予以保留，这实际上是一条禁止保留条款，反映出 TRIPS 协议保护的高标准。协议还从注重知识产权人的权利出发，降低了知识产权获得保护的条件，严格对知识产权进行限制的适用条件等，这些都反映出TPIPS协议对知识产权保护水平的提高。

2. TRIPS将争端纳入WTO的争端解决机制中，保证了世贸组织各成员国在知识产权保护方面执法的公正性和国际监督的有效性

TRIPS协议第3部分“知识产权执法”规定了较详细的执法规则，包括“各成员方应确保在其国内法中使用本部分规定的执法程序，以有效打击任何侵犯本协议保护的知识产权的行为”（第三部分第1条第1款）；“执法程序应公平和公正，不应没有必要地复杂、高收费，无端耗时或延误”（第三部分第1条第2款）；“裁决最好用书面说明理由”，“裁决中的是非要根据证据，为各方当事人提供陈述机会”（第三部分第1条第3款）；“对行政机关的终局裁决，诉讼当事人应有机会提请司法当局复审”（第三部分第1条第4款）；要求各国对知识产权的执行严格按照一般的执法程序。为了有效地制止侵犯知识产权的货物流入市场，把侵权活动遏制于初发阶段，TRIPS协议还规定了“临时措施”和“海关措施”，包括这些措施的申请、执行等运作程序。规定这样严格的执法程序是其他知识产权条约所没有的。

关于知识产权的纠纷，TRIPS协议第64条规定应适用总协定第22、23条有关解决争端的规范和程序的谅解协议，这是WTO争端解决机制。此机制分两步：第一步是协商，双方进行外交磋商，也可由总干事主持斡旋，尽可能运用外交手段解决问题，协商时间不超过60日。否则，进入第二步，即司法解决程序，由工作小组进行调查，并提出审查报告，由“争端解决委员会”裁定，败方将会受到制裁，经济上遭受很大损失，从而对有关的缔约方产生较大的约束力。

3. 促进了知识产权国际化的进程

此前，虽有众多的国际条约以及统一的国际知识产权组织，但由于其效力有限，各个国家在知识产权的立法方面仍然各自为政，导致了各国保护知识产权程度不一、标准各异，这必然会大大妨碍世界范围的知识产权保护。TRIPS协议由于与国际贸易连为一体，促使各国纷纷以有关的国际知识产权公约的规定为标准，建立或完善本国的知识产权制度，以达到国际知识产权保护的最低要求。所以，TRIPS协议在客观上促进了世界各国知识产权保护范围、标准、措施诸方面的统一，促进了国际知识产权的统一保护。

此外，原有的知识产权公约的实施往往依靠成员国的国家强制力，而TRIPS则增加了国际强制力。这种国际强制力把知识产权保护和最惠国

待遇紧密联系起来，通过最惠国待遇的中介直接影响各成员国的经济利益。这样，由于存在中止最惠国待遇和停止对某缔约国应承担义务的制裁手段，TRIPS 对缔约方的约束力比其他的知识产权公约要强得多。

4. 改变发达国家和发展中国家的贸易格局

加强知识产权保护会刺激新技术的供给，由于发达国家的科研能力和创新能力都要高于发展中国家，因此强的知识产权保护主要是加大了发达国家新技术的供给。由此可知，发达国家和发展中国家在贸易格局中将越来越倾向于由发达国家提供新技术，发展中国家生产工业制成品。美国等发达国家强化其知识产权保护并积极在多边贸易谈判中进行推广，其根据就是强的 IPR 保护能够激励更多的创新，有效地促进国与国之间的技术转移和劳务转移，从而使得社会福利增加。最终强的 IPR 保护将会和自由贸易带来一样的结果，使得研究开发资源在世界范围内重新分配，通过专业分工达到资源的有效配置。

6.1.3 TRIPS 协议有关软件保护的研究

关于 TRIPS 软件保护的学术文献主要集中在法律或是技术的角度[①]，再或者就是以政治为基础更广的视角[②]来研究。相对的，从经济学视角的研究较少，主要有以下几篇：Gopinath 和 Ravishankar(1996)从分析软件特性出发讨论软件的知识产权保护问题，进而提出 TRIPS 协议在发展中国家软件保护的影响。在后部分研究中，他们则主要从 TRIPS 对国民经济的影响、对软件生产的影响以及对知识产权问题的影响三方面展开。Liz Dunshee(2003)认为知识产权对商业和社会来说是一个重要的资产。1998 年全世界范围内的软件市场估计有 1305 亿美元，但是，盗版减少了利润、创新和税收收入。为了控制盗版，国际的知识产权保障力度必须提高。该文章分析了 TRIPS 和 WIPO，并研究了其他知识产权保护，包括仲裁、数字权利管理(DRMS)、价格歧视等问题。结果表明，一个包括国际法、定价策略和政府干预的混合体是最优的保护。Dixon 和 Greenhalgh(2002)论文的第七部

① 如 J. H. Reichman(1995)，讨论了 TRIPS 在软件方面的应用，包括资格、期限和保护范围。

② 如 Knapp(2000)，讨论了美国通过 WTO 促使 TRIPS 实施的政策原因；Harvard Law Review(2003)，从国际关系理论研究全球软件盗版问题。

分就TRIPS协议展开了讨论。从介绍TRIPS协议的历史起源、内涵开始，探讨了TRIPS协议对宏观经济活动的影响，以及在实施方面的问题和知识产权穷竭问题。Lall和Albaladejo(2002)研究了不同的国家从TRIPS协议中得到的利益有何差别。他们将87个国家，其中包括发达国家、发展中国家和转型国家，按照1985—1998年的一系列指标进行排序分组，共分为4组，得出每一组得到的知识产权保护的影响，用以说明TRIPS对不同经济活动的影响。Shadlen、Schrank和Kurtz(2003)的论文在软件盗版的基础之上，评价了从国际到国内的全球知识产权保护机制。该文章首先考虑的是国内层面，一些学者所研究的影响知识产权的国内因素，然后考虑国际因素，包括在WTO的知识产权条款下的多边义务、美国增加知识产权保护的双边压力等。文章对80个国家从1994—2002年的数据运用时间序列分析，用以讨论这些国内和跨国因素对软件侵权程度的影响。他们的结果表明，WTO成员国和来自美国的双边压力——特别是提供互惠的让步——会导致保护程度的显著增加，而且这个结论无论对穷国还是富国都一样。所以，此文章可以看做是知识产权的新国际政治经济学分析。

其他有关国际知识产权保护问题的文章却不在少数。Chin和Grossman(1990)以及Deardorff(1992)分析了从北向南扩张知识产权保护的福利效应，他们发现很多结果都依赖于南国市场的规模大小。他们的研究都是基于两个基本假定：一是南国无创新能力；二是南国要么完全保护要么不保护。Diwan和Rodrik(1991)也考虑了南国和北国知识产权保护的不同程度。他们发现，要使全球福利即南国和北国福利之和最大化，两地区的专利保护率必须是同一的。他强调的假设是，两国的偏好不同且南国无创新能力。Helpman(1993)运用了动态一般均衡的南北模型来研究IPR保护、增长与福利。他假设北国专长于创新，南国专长于模仿。得出的结论是，在南国实施紧的IPR保护有损于南国，且可能无利于北国。Lai(1997)运用国际产品周期的一般动态均衡模型，发现在南国加强IPR保护的效应主要依赖于产品从北国到南国的传播渠道。如果FDI是产品传播的渠道，那么在南国强的IPR保护会增加产品的创新率、产品的转移和南国的相对工资率。但如果产品传播是通过模仿，就会有相反的效应。强的IPR保护可以被看做是南国给予北国的FDI激励。McCalman(2001)估计了TRIPS协议导致的从消费者到生产者(大多数情况下是从南国到北国)的收入转移。但他没有估计产品种类增加导致的社会福利的提高，这部分社会福利的影响是一个相当大的部分。Lai 和 Qiu(2003)构建了一个多部门的南北贸易模型来分析知识产权的国际保护问题。通过比较南国和北国的纳什均衡的国际知识产权保护标准，发现前者明显弱于后者。此外，文章还表明了要求南国使其知识产权保护标准跟北国相同而北国使其传统商品市场自由化的协议可以让两国双方都从中获利，这表明在 GATT/WTO 框架下进行多边协商的优势所在。Grossman 和 Lai(2004)研究了政府在贸易世界经济中不得不保护 IPR 的激励问题。他们考虑了两个具有不同市场规模和创新能力的国家的创新问题。在描述了一个非合作专利保护框架下的国际专利政策决定之后，他们提出了为什么 IPR 在北国保护的比在南国好。他们也研究了国际专利框架，通过推导有效的专利保护全球框架下的权利，解释了专利政策的一致性对提高全球效率是充分而且必要的问题。Lai 和 Yan(2005)的文章则是关于 Grossman 和 Lai(2004)文章中的国际专利保护的理论博弈模型的实证研究。该模型清楚地预测了一些变量，包括基于市场规模的跨国专利保护程度和各国创新能力水平以及各国保护程度的相互关系。为了估计各国的相互关系，他们采纳了空间经济学的方法，并发现全球的专利保护模型在 1995 年实施 TRIPS 协议之前与非合作博弈模型的预测基本一致。

6.2 国际软件知识产权保护的效应

通过 TRIPS 协议加强知识产权保护，将有损于南国福利而有利于北国福利的观点在学术界已是一种共识，而 Helpman 在 1993 年的经典论文为这个共识提供了理论依据，这也同时导致了发达国家和发展中国家在知识产权保护问题上的南北分歧越来越大。对于 TRIPS 协议对南北各国的企业利润、消费者剩余和社会总福利产生的效应到底如何，本节将通过一个简单的模型对 TRIPS 协议的效应进行比较分析，此后在第三节将引入软件产业中的网络外部性特征，提出与 TRIPS 单边推行的保护机制相比能使全球社会福利最大化的双边协商保护机制。

6.2.1 南北之间的利益冲突

TRIPS 协议的实施前后带来了南北两国之间的利益冲突变化，围绕着知识产权的国际保护问题双方展开了激烈的争论。TRIPS 实施之前的利益冲突主要是因为北国认为南国对其创新技术和产品采取免费搭车的行为而致使北国利益受损;TRIPS 实施之后北国提高了全球的 IPR 保护标准,导致南国为了补偿和分担北国创新研发的成本而受损。

1. TRIPS 前的利益冲突

关于软件的国际知识产权保护问题,大多数观点都认为是北国即发达国家为了防止南国即发展中国家对前者创新技术的免费搭车而单方面强加推行的提高全球 IPR 保护标准的保护行为。而实际上,除了南北之间存在着明显的免费搭车行为,在南国之间也同样存在着另一类的免费搭车行为。正是由于这两方面的原因,导致了为防止创新技术的过度外溢而造成的外部性问题,也引发了南北两国对于知识产权保护的争端日益加深。

众所周知,知识产权具有公共物品的特性,即一旦被创造出来,容易被他国免费获得。这个重要的特性不可避免地导致了免费搭车现象的产生。南国作为一个整体对北国开发的双方都需要的创新技术进行免费搭车。这个问题被经济学理论和专利研究文献作为典型问题进行了深入的研究,并且得到了普遍的结论。北国开发南国也需要的技术,那么必须通过提高南国的 IPR 来对北国的 R&D 投资进行合理的补偿,才能保证北国有足够的创新激励。由此引发了第二类的免费搭车问题:究竟哪些南国要对北国进行补偿,要对 IPR 程度的提高负责?它们应该承担多少责任?基于这些问题,每个南国都有激励去等待其他南国担负起对北国进行补偿的责任,而自己最好能置身事外。因此,南国所提供的保护对于北国来说总是不充分的。而北国想要对其中的部分南国提高 IPR 保护必然会损害部分国家的利益,这也解释了为何南国们都不愿意单方面地提高保护程度的原因。由于以上所述的两类免费搭车现象,导致在南国提高知识产权保护程度很具争议性。面对南国在保护方面的期限短、综合性差以及实施力度不够等问题,北国对此表示出强烈的不满,这也引发了 TRIPS 协议的最终形成。

2. TRIPS 后的利益冲突

TRIPS 协议形成之后,其所造成的新知识产权保护格局,使知识产权保护倾向于保护创新成果而不是鼓励创新行为,这一机制为知识产权人已有的智力成果提供了高水平的保护,为其巨额商业利益的实现提供了有利的制度空间,使得北国的科学技术研发资金更多地投向那些能为他们带来丰厚利润的产业，而那些对于南国消费者们具有重要意义、但商业价值不高的产业注定无人问津。这种体制可能产生的另一个后果是，一些跨国公司不是把精力放在创新上，而是依靠投机取巧的手段，如采取收购拥有较多知识产权的企业来攫取巨额商业利润。一些软件业大公司都是知识产权保护最积极的推动者，通过推动知识产权的保护可以获取巨大的商业利益，但是它本身却从来不是软件业的创新者，利用垄断地位侵略性地将别人的创新成果集成到自己的产品中，扼制了整个软件业的创新活力。对于知识产权制度而言，保护创新的目的是为了鼓励创新，如果因为对已有创新成果的保护而抑制继续创新的源泉，这种状况将导致知识产权人的既得利益与国际社会获得更多知识产品的预期利益之间的明显失衡。

研究开发的支出大部分集中在发达国家以及少数几个技术较为先进的发展中国家，而绝大部分的发展中国家在自主知识产权的拥有上还基本处于“赤贫”状况。南国在其科技基础设施的质量和数量方面与北国之间的巨大差距使得大部分南国既难以发展自身技术，也难以吸收来自北国的技术。面对知识产权分布的严重失衡，高水平的知识产权保护对于在经济、科技、文化各方面已高度发达的北国来说，为其争取了更大的发展空间；而对于经济力量极其薄弱、科技基础设施还相当落后的南国而言，则无异于雪上加霜。知识产权保护的高水平一方面表现在保护范围上的无孔不入，另一方面则表现在保护深度上的层层递进，这使得知识产品价格居高不下，这种状况加大了南国进行基础建设的成本支出。而目前这种高水平的知识产权保护制度上的严重失衡所产生的必然结果是导致新的事实性失衡，即扩大南北国家的差距。

6.2.2 TRIPS 协议的社会福利变化效应

正如大多数文献所述，南国的均衡知识产权保护标准不如北国强，然而如果南国提高其知识产权保护标准，达到北国 TRIPS 协议之前的标准时，会使得全球的社会福利提高。下面将通过对 Richardson 和 Gaisford(1996) 模型的扩展研究来具体地比较 TRIPS 协议的前后对南北两国社会福利的影响问题。

1. 前 TRIPS 框架下的国际保护

假定世界上存在两个国家，北国和南国，即发达国家和发展中国家。北国的厂商具有研发新产品的能力，而南国不具有相同研发能力的企业。但是南北两国是对称的两国，北国拥有至少与南国相同规模的市场。

南国和北国的研发决策分为两个阶段：第一阶段，南北两国政府先决定 IPR 保护的程度。在设置知识产权政策的时候要考虑到对企业的创新激励和垄断导致的市场扭曲之间的均衡问题。此时，每个政府都是根据对方政府的最优 IPR 设置来选择自己最优的 IPR 设置的。第二阶段，在给定的南北两国政府保护知识产权的设置下，北国厂商决定最优的 R&D 投资水平。

南北两国政府在第一阶段分别设置的是软件知识产权综合保护维度 φ_s 和 φ_n。之所以称其为软件知识产权综合保护维度是因为，这里的变量不仅考虑了一般文献中经常论及的保护长度 T，还包括了保护宽度 ω，以及新定义的保护高度 H。具体而言，保护长度是指政府所设置的对软件产品适用的保护期限；保护宽度是指保护所能覆盖的范围；保护高度则是指保护的法律不完备性，包括执法的措施、权利丧失的保护以及是否是一些重要国际条约的成员国等。而 φ 则是政策向量(T,ω,H)的组合。北国研发厂商的预期利润为：$E\pi = f(\varphi_n,\varphi_s) = ETR(\varphi_n,\varphi_s) - TC$。其中，$ETR(\varphi_n,\varphi_s)$ 为厂商预期的从南北两国市场中获得的总收益，是一个在保护期限内的贴现值，随着两国软件知识产权综合保护维度的提高而提高，即 $\frac{\partial ETR}{\partial \varphi_n} > 0$，$\frac{\partial ETR}{\partial \varphi_s} > 0$。假定 TC 是厂商无论研发成功与否都必须支付的固定研发成本。对北国厂商来说，两国的保护程度越高，可以获得的预期利润也就越大，即 $\frac{\partial E\pi}{\partial \varphi_n} > 0$，$\frac{\partial E\pi}{\partial \varphi_s} > 0$。对于两国消费者来说，当研发成功之后都可以从新产品的消费中获得消费者剩余。总的消费者剩余包括两部分：一部分是在保护期限内的较少的消费者剩余的贴现值，另一部分是保护期限过后到产品生命周期结束前的较大的消费者剩余的贴现值。

下面考虑两国的社会福利函数，南国和北国都从两国的保护政策设置中获得了间接效应，因此两国在创新成功后预期的福利函数应该是与两国综合保护维度有关，可以分别表示为：

$$EW_n = g(\varphi_n,\varphi_s) \tag{6-1}$$

$$EW_s = h(\varphi_n,\varphi_s) \tag{6-2}$$

由式(6-1)对 φ_n 求一阶导数，可以得到北国的反应函数 NRF：

$$\frac{\partial EW_n}{\partial \varphi_n}=0 \tag{6-3}$$

由式(6-2)对 φ_s 求一阶导数，可以得到南国的反应函数 SRF：

$$\frac{\partial EW_s}{\partial \varphi_s}=0 \tag{6-4}$$

南国和北国的反应曲线在(φ_n , φ_s)的空间内是负斜率的，因为每个国家都有对竞争对手国家的保护进行免费搭车的激励，且南国的反应曲线 SRF 比北国的反应曲线 NRF 更陡。两条反应函数的交点 E，即式(6-3) 和式(6-4) 的均衡解，(φ_n^* , φ_s^*)为前 TRIPS 时期的最优保护维度政策的设置，具体的情况可以参见图 6-1。均衡点所给出的结果是，北国的保护水平要明显高于南国的保护水平。

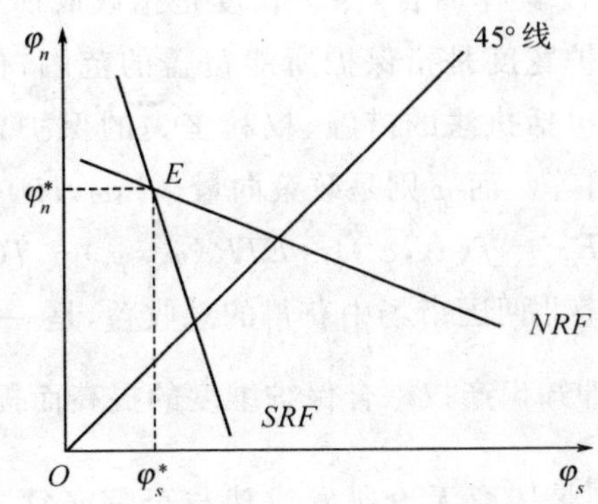

图 6-1　前 TRIPS 时期南北两国保护的均衡

2. 后 TRIPS 框架下单边推行的保护

在后 TRIPS 时期中，北国单边推行 IPR 的强保护，要求 WTO 的成员国必须按照要求提高 IPR 的程度。而北国提出的 IPR 的最低保护程度，实际上是前 TRIPS 框架中北国所采用的保护维度 φ_n^*。也就是说，在后 TRIPS 框架中，北国的保护 $\varphi'_n \geqslant \varphi_n^*$，南国的保护 $\varphi'_s \geqslant \varphi_n^*$。假定两国都采取最低保护标准，则均衡点从 E 点移动到 E'(φ_n^* , φ'_s)点(见图 6-2)。在给定 φ_n^* 不变的前提下，提高 φ_s 对南国和北国的预期社会福利会产生不同的影响。

由此也可以对 TRIPS 协议的经济效应作一个简要的总结：南国消费者由于支付高价而损失，北国生产者从成功创新产品中获得高额利润。所有消费者包括南国和北国的，都从产品的多样性中获得收益。南国福利下降，

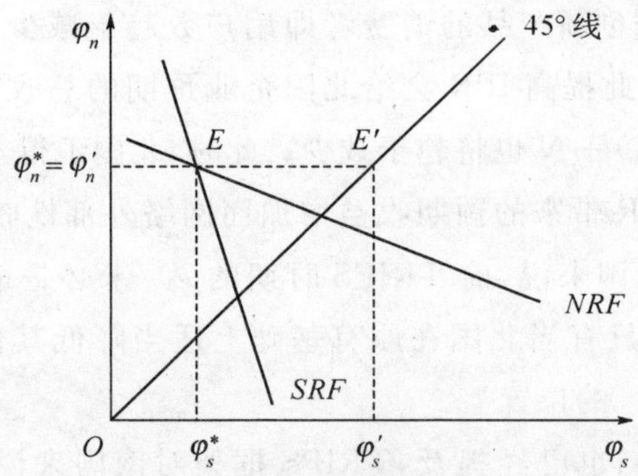

图 6-2 后 TRIPS 时期南北两国保护的均衡

北国上升，两个地区总的社会福利水平是上升的。这主要是因为存在区域内的正外部性，外部性的产生主要是源于地区内知识产权保护程度的提高使得厂商利润增加，并且扩大了另一个地区的产品种类，所以使得净福利损失没有发生。尽管 TRIPS 协议可以提高全球的社会福利，但是这个协议是一个要求南国提高知识产权标准且不给予任何补偿的协议，是明显以牺牲南国的福利为代价来有利于北国的协议。这对于南国来说，是缺乏激励的。因此该协议不符合激励相容的原则，所以有必要寻找一个对双方来说都更具激励性的机制，这也是下面将要考虑的在引入网络外部性的基础上南北两国双边协商的软件知识产权国际保护制度。

6.3 基于网络外部性的双边协商的保护

在上面一节的单纯知识产权保护问题的基础上，引入软件产品特有的经济性质——网络外部性，从而得出一个对南国和北国都有利的双边协商保护机制。在原有模型的基础上，作为北国厂商总是尽可能地提高全球的 IPR 程度，因为这有利于北国福利。在不考虑网络外部性的时候，北国的社会福利函数在国际层面上[①]看总是关于（φ_n，φ_s）的增函数，因此它有激励提高全球的 IPR 程度。当引入网络外部性后，由于随着两国保护维度的提高，

① 在国内层面上，如果考虑对后续创新和公众接入的影响，这里仍然存在一个权衡问题，但本章以南北两国之间争端作为研究对象，因此国内权衡问题在本章中不再作过多论述。

能够接触和应用到创新产品的消费者即用户数趋于减少，企业的网络外部性收益 N 减少，因此提高 IPR 会给北国企业预期的总收益带来负效应，所以 $EW_n = g(\varphi_n, \varphi_s) + N$ 也将趋于减少。此时，北国不得不面对一个新的权衡问题，即提高 IPR 带来的预期收益增加而网络外部性收益减少之间的权衡问题。那么对北国来说，前 TRIPS 时期的 φ_n^* 未必是最优的。要解决这个收益权衡问题，只有当北国在原有基础上适当降低其保护维度，并使得 NRF 移动到 NRF' 的位置上。

另一方面，我们也已经提及，TRIPS 框架对南国来说是一个缺乏激励相容原则的机制。这也导致了南国对于 TRIPS 协议总是采取抗拒的态度。如果不采用北国单边推行，而是南北双方协商的机制，即北国在要求南国提高 IPR 程度的同时，给予南国一定数量的补偿。例如，对南国生产的传统产品给予低关税或零关税，向南国开放更大的北国市场，对南国产品进口采取较为宽松的准入标准等措施，使得南国可以从中获得传统产品收益 TT，从而补偿了南国在 IPR 保护上的损失。这样南国同样也面对了一个权衡问题，提高 IPR 在知识产品上有所损失，但在传统产品上有所收益，这将导致 SRF 移动到 SRF' 的位置。

最终在 NRF' 和 SRF' 的交点 E'' 上，决定了基于网络外部性条件下的南北两国最优的 IPR 保护维度（φ''_n, φ''_s）。并且，此时仍然保持了南北两国即全球的 IPR 保护维度的统一性，具体的情况可参见图 6-3 所示。

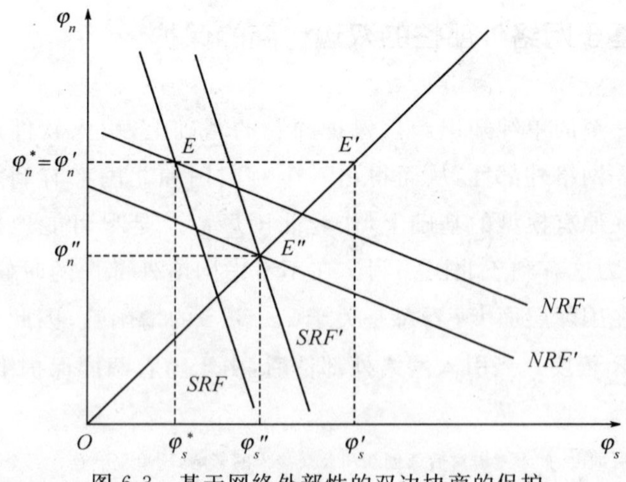

图 6-3　基于网络外部性的双边协商的保护

6.4 国际软件知识产权保护的策略

从上述模型中不难发现，南国和北国即发展中国家和发达国家在全球IPR保护中处于不同的位置，因此在进行IPR保护的时候更多的是在不违反国际规则的前提下从本国经济利益出发，找寻到一条适合本国发展的道路和策略。

6.4.1 发达国家的软件知识产权保护策略

发达国家即北国在知识产权保护方面总是处于主动进攻的地位，并且结合运用了各式各样的知识产权保护策略。

对于发达国家政府来说，第一，要使与软件相关的知识产权政策明确化和明细化。在保护期限、保护范围、权利界定、赔偿额度和费用调整等方面都给予详尽的规定。第二，要将知识产品交易相关的知识产权问题与传统产品交易相关的商品贸易问题进行捆绑，通过贸易限制督促发展中国家即南国提高IPR保护的实施。例如，美国就运用其《综合贸易法》的"特别301条款"和《关税法》的"337条款"，对其认为侵犯知识产权的国家和企业进行威胁和制裁。第三，侧重保护原创性的重大技术发明，对创造性较低的技术改良给予严格的审查。第四，强化和加深南北两国的国际分工，将创新研发和生产制造相分离。但在创新成果的保护末期，可以适当进行技术转移，作为发展中国家形成IPR保护的一种激励。

对发达国家企业来说，第一，要采取"技术—专利—标准"三结合的方式，即研发技术—申请专利—制定标准，使技术成为基本专利，进而推动标准的广泛实施，向采用自己标准的企业收取专利许可费，成为技术和专利的专业生产基地。"技术专利化、专利标准化、标准垄断化"已成为知识经济条件下国际竞争的新游戏规则。第二，要建立知识产权联盟。由于市场竞争的激烈和侵权现象的多样化与严重化，仅靠权利人单个的力量维权已难以奏效。因此，联合相关权利人组成行业知识产权保护协会和联盟，以团体的力量来维护自己的合法权益，已是一些发达国家的通行做法。

目前，发达国家在保护知识产权方面正在加紧推动"世界专利"的进程。当前即使是按照TRIPS协议，各国仍有独立地授予专利权的自由，即针对同样的发明，可以自行决定是否授予专利权以及授予具有何种保护范围的专利权。而所谓的“世界专利”，就是要改变上述的现有模式，由一个国际组织或者某几个国家的专利局统一授予专利权，在世界各国均能生效，各国不再进行审批。这实际上是以“非专属管辖”的主张推行普遍司法权，即以有无专利侵权行为作基础，不考虑行为发生地、被指控方的国籍或与国家执行司法权有关的情况。这种“世界专利”制度显然是一种有利于发达国家的保护策略。

6.4.2 发展中国家的软件知识产权保护策略

由于国际上发达国家与发展中国家差距越来越大，南北两国经济发展也越来越不平衡，国内外批判 TRIPS 协议的呼声日益高涨。许多发展中国家把力量放在批判乃至退出 WTO 的 TRIPS 协议上，同样也有许多学者主张弱化因 WTO 压力而实行的对发展中国家而言“已经超高”的知识产权保护等。但是在经济全球化中，已经“入世”的发展中国家不应也不能以“退出”的方式自我淘汰，而应该在 WTO 框架内“趋利避害”，争取使 WTO 规则向更有利于己方的方向变化。在这种变化发生之前，可以在现有的 TRIPS 框架中争取更有利于自身的结果。

首先，在遵守 TRIPS 协议的基础上，利用政策的自由空间，进行适当的“制度创新”和“实施创新”。如 TRIPS 协议第 33 条规定了最低的保护期限，“可享有的保护期，应不少于自提交申请之日起的 20 年年终”。如果认为 20 年保护过长或是过于严格，也可以采取适当的方法来缩减期限。因为自提交申请后到批准生效还有很长的一段时间，政府尤其是审查部门可以通过延长审查期限来缩短实际保护的期限。当然这是要在没有违反第 62 条“在符合获得该权利的实质条件的前提下，成员国应使授权或注册程序能够保证在合理期限内批准授权或注册，以免无保障的缩短保护期”的前提下。

其次，尽管发展中国家在保护上偏向于社会共享的一面，但是这并不意味着就应该对知识产权的侵权采取纵容的态度，因为这种做法也会损害发展中国家的自身利益。对于发展中国家来说，维护知识产权在内的各种私人产权制度不受侵犯是整个经济健康有序运作的一项基本要求。如果对知识产权问题给予过度的弱化保护，会影响到本国企业的技术创新和技术改造。不能超越现实经济能力过于强化保护，同样也不能一味追求弱化保护，为本国找寻一个合适的保护程度是南国政府必须肩负的重要任务。

最后，软件企业的自主创新是发展中国家最为根本的路径选择。当今世界经济是竞争型经济，其制高点在于高技术。在科技全球化加快的背景下，自主创新能力已经成为国家竞争力和产业竞争力的决定性因素。面对技术扩散和技术垄断的矛盾以及发达国家用技术控制市场和资源的现实，发展中国家的最终政策选择只能是摆脱过去跟踪模仿为特征的科技发展战略，构建以自主创新为主要特征的科技发展战略。

6.5 本章小结

知识产权是科技、经济与法律相结合的典型形式，知识产权机制是促进、保障技术进步和经济发展的重要法律制度，知识产权已经成为国际贸易中的一种主要形式和竞争手段。所以，无论是发达国家还是发展中国家都必须在国际竞争中合理地使用知识产权保护的策略，为本国的经济发展、本国企业的创新能力以及本国社会福利水平找到合适的保护水平。本章在Richardson和Gaisford(1996)模型扩展研究的基础上，对TRIPS协议的效应进行比较分析，此后引入软件产业中的网络外部性特征，提出与TRIPS单边推行的保护机制相比能使全球社会福利最大化的双边协商保护机制。在模型中，提出了软件知识产权综合保护维度。此变量不仅考虑了一般文献中经常论及的保护长度，还包括了保护宽度，以及新定义的保护高度。具体而言，保护长度是指政府所设置的对软件产品适用的保护期限；保护宽度是指保护所能覆盖的范围；保护高度则是指保护的法律不完备性，包括执法的措施、权利丧失的保护以及是否是一些重要国际条约的成员国等。而知识产权综合保护维度φ则是政策向量(T,ω,H)的组合。并认为基于网络外部性，应适当降低北国的保护维度，并对南国生产的传统产品给予低关税或零关税，或是向南国开放更大的北国市场，或是对南国产品进口采取较为宽松的准入标准等措施，使得南国可以从中获得传统产品收益TT，从而补偿南国在IPR保护上的损失。由此得到基于网络外部性条件下的南北两国最优的IPR保护维度(φ''_n,φ''_s)。并且，此时仍然保持了南北两国即全球的IPR维度的统一性。最后基于以上的模型分析，分别探究发达国家和发展中国家在软件知识产权保护方面的策略问题。

7 中国软件知识产权保护专题研究

在科学技术迅猛发展的今天,任何一次技术革命都对相关法律的发展提出了挑战,加强软件立法已是一条必由之路。通过上述几章对软件保护问题的多重视角的探讨,必将对中国的软件立法问题起到一定的积极的借鉴作用。因此本章将阐述中国计算机软件保护的立法演进过程,分析版权登记和相关软件专利申请的绩效,并对中国计算机软件保护问题提出政策建议。

7.1 软件保护的立法演进

目前,中国有关计算机软件著作权保护的法律、法规和司法解释有:《中华人民共和国著作权法》、《中华人民共和国著作权法实施条例》、《计算机软件保护条例》、《中美两国政府关于保护知识产权的谅解备忘录》(1992 年 1 月 17 日签订,1992 年 3 月 17 日生效)、《计算机软件著作权登记办法》、《实施国际著作权条约的规定》(1992 年 9 月 30 日施行)、《著作权行政处罚实施办法》、《中华人民共和国刑法》、《最高人民法院关于审理非法出版物刑事案件具体应用法律若干问题的解释》、《最高人民法院关于审理著作权民事纠纷案件适用法律若干问题的解释》等。

在 1989 年的中美知识产权谈判中,中国方面承诺在制定著作权法的时候,将计算机软件列为著作权法保护的客体。因此,1990 年 9 月 7 日第七届全国人民代表大会常务委员会第 15 次会议通过的《中华人民共和国著作权法》,开始把计算机软件纳入著作权体系。其中第 3 条规定,该法所称的作品,包括"计算机软件"。考虑到计算机软件的特殊性,该法规定了软件的保护方法由国务院另行规定,软件纠纷处理优先适用该另行规定,若无明确规定,则适用著作权法。1991 年 5 月 24 日国务院第 83 次常务会议通过了《计算机软件保护条例》。1991 年 6 月 4 日国务院发布了我国第一个《计算机软件保护条例》。1992 年 5 月又颁布了《计算机软件登记办法》，对软件著作权登记作出了具体规定，从而初步建立了我国的软件版权法保护体系。

为了适应加入 WTO 的需要，2001 年 10 月我国修订了《中华人民共和国著作权法》，新法第 58 条规定，计算机软件、信息网络传播权的保护办法由国务院另行规定。2001 年 12 月，国务院颁布了新的《计算机软件保护条例》。新颁布的《计算机软件保护条例》缩小了合理使用的范围，极大地提高了计算机软件的版权保护水平。除了对软件进行版权立法保护之外，我国也对软件进行了一定的专利保护。中国专利法并不保护单纯的计算机软件程序，这里所指的专利法保护是指对含有计算机软件程序的发明专利申请中所含有的计算机程序的专利保护。相关的具体规定体现在国家知识产权局发布的《审查指南》之中。

1985 年实施、并经过 1992 年和 2000 年两次修正的《专利法》，在第 25 条中明确规定了不授予专利权的客体，其中并没有将计算机软件排除在专利客体之外，这为计算机软件实施专利保护留下了空间。在《审查指南》第 12 章中制定了针对计算机程序发明专利申请的判断标准，随后 1993 年和 2001 年又分别对《审查指南》作了两次较大的修改。新的《审查指南》在第 2 部分即实质审查部分的第 9 章对涉及计算机程序的发明专利申请审查的若干问题作出了规定。我国《专利法》规定，对智力活动的规则和方法不授予专利权；《专利法实施细则》指出，专利法所称的发明是指对产品、方法或其改进所提出的新的技术方案。因此，单独的计算机程序作为一种智力活动的规则和方法不具备专利法所要求的特征，被认为是得不到专利法保护的。但是如果计算机程序属于一项发明的组成部分，如果该计算机程序不仅仅涉及数学算法或数学方法而是涉及了某种技术概念，具体地说就是该计算机程序与某一技术领域相关，至少涉及了一个技术问题并且还能够产生一定的技术效果，那么这种发明中所涉及的计算机程序，我们称之为具有技术性的计算机程序，属于专利保护的范畴。但这种具有技术性的程序能否获得专利权，还要看含有计算机程序的发明专利申请是否能够满足专利保护的必要条件：第一，必须能够构成一个完整的技术方案；第二，技术方案符合专利法规定的新颖性、创造性、实用性条件。如果满足，则该含有计算机程序的发明就可以被授予专利权。

凡是为了解决技术问题，利用技术手段，并可以获得技术效果的涉及计算机程序的发明专利申请都属于可给予专利保护的客体。主要包括以下几类:①用于工业过程控制的涉及计算机程序的发明专利申请;②涉及计算机内部运行性能改善的发明专利申请;③用于测量或测试过程控制的涉及计算机程序的发明专利申请;④用于外部数据处理的涉及计算机程序的发明专利申请。

就目前而言,我国的软件版权和专利保护的力度都还有待加强,尤其在软件专利保护上采取的是比较保守的态度,而造成这种状况的原因除了对计算机软件认识上的偏差外,主要还是源于对我国计算机软件产业发展的状况落后于发达国家软件产业的担忧。随着本国软件产业的逐步发展,应该适当借鉴美、日等国的做法,以适应软件产业国际发展的需要。

7.2 软件版权登记的绩效分析

我国《计算机软件保护条例》规定:“软件著作权自软件开发完成之日起产生。”这是《伯尔尼公约》和WTO《与贸易有关的知识产权协议》规定的,也是世界各国普遍遵循的“著作权由创作而自动产生不应附加其他条件”的原则。为此,条例规定著作权登记采取自愿登记原则,“软件登记机构发放的登记证明文件是登记事项的初步证明”,取消了原来条例中有关登记是提出司法诉讼和行政处理前提的规定。自然人的软件著作权,保护期为自然人终生及其死亡后50年,截止于自然人死亡后第50年的12月31日;软件是合作开发的,截止于最后死亡的自然人死亡后第50年的12月31日。法人或者其他组织的软件著作权,保护期为50年,截止于软件首次发表后第50年的12月31日,但软件自开发完成之日起50年内未发表的,不再给予保护。

尽管登记不是作为权利取得条件,但是在实践中由于登记便于软件著作权人确定权利归属。一旦发生纠纷,对软件著作权人比较有利,特别是在软件产品认定和软件企业认定方面,软件著作权也起到了一定的作用。所以自2000年6月国务院发布《鼓励软件产业和集成电路产业发展若干政策》(简称18号文件),规定“对登记的软件依法给予重点保护”并规定有关税收和软件企业认证等方面的优惠政策以来,软件企业登记软件著作权的热情高涨,申请登记数量持续上升,在2003年突破了10000件大关。2005

年我国计算机软件著作权登记数量继续保持高速增长，创下了历史新高，共受理各类软件著作权登记申请 18653 件，与 2004 年相比增长了 22%。登记涵盖了软件著作权登记、软件著作权合同登记、软件登记事项变更、软件著作权质押合同登记等多项登记申请。此外，独立开发的软件和二次开发（升版）、系统集成的软件占了一定的比例，反映出计算机软件产业发展的特点。具体有关 1992 年建立软件著作权登记制度以来至 2005 年每年的申请登记情况可参见表 7-1 和图 7-1。

表 7-1　1992—2005 年计算机软件版权登记情况统计表　　单位：项

年份	版权登记数	年份	版权登记数	年份	版权登记数	年份	版权登记数
1992	100	1996	447	2000	2863	2004	15289
1993	286	1997	721	2001	6971	2005	18653
1994	344	1998	809	2002	8639		
1995	384	1999	1152	2003	11016		

资料来源：中国版权信息网，http://www.ccopyright.com.cn

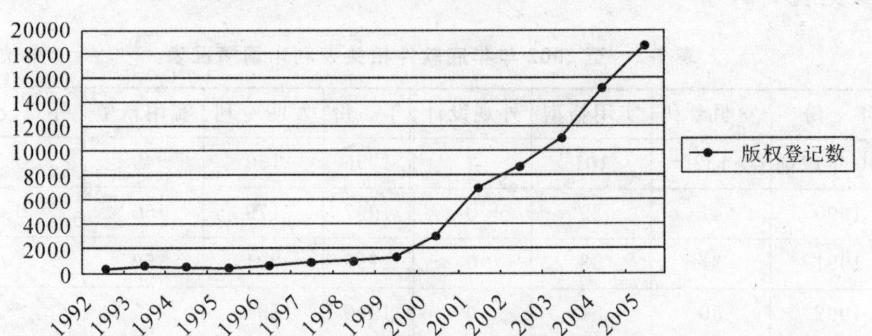

图 7-1　1992—2005 年计算机软件版权登记情况统计图

资料来源：中国版权信息网，http://www.ccopyright.com.cn

中国版权保护中心是国家版权局认定的软件著作权登记机构。根据其提供的数据，2005 年我国软件版权登记呈现两大特点：第一，公司作为国家软件开发政策的受益者成为登记申请的主流。软件厂商（法人或者其他组织）的软件著作权登记申请数量约占申请总量的 95.13%。第二，分布情况相对集中在东部地区。北京最多，其申请登记数量占总量的 37.08%，其后的广东和上海分别占 12.33% 和 11.82%。计算机软件著作权登记数量大幅增长，反映出我国版权法的法制环境逐步改善。伴随着国家政策对软件产业的扶植、引导和推动，通过创新、自主研发而享有自有知识产权的软件成果大幅增加。

7.3 软件相关专利申请与授权的绩效分析

由于在我国的专利制度框架内，原则上不承认将计算机软件本身作为专利客体，因此在统计计算机软件相关专利时，得到的很大一部分成果是那些以硬件为主体、软件仅作为客体的辅助部分或功能扩展的专利，这也是与《审查指南》的精神相一致的。但值得注意的是，一部分主要以软件为实现载体的方法专利，其技术特征本质上体现了实现该方法所需的计算机软件的技术价值，因此我们也将这部分专利计入数据当中。有关专利的申请和授权的数据是利用中国知识产权网提供的收费专利检索服务，通过对于专利的名称和摘要进行检索而得到。其中软件相关专利申请数量的历年情况可参见表 7-2。

表 7-2　至 2002 年年底软件相关专利申请情况表　　单位：项

年　份	发明专利	实用新型	外观设计	年　份	发明专利	实用新型	外观设计
1990 年以前	132	101	2	1996	130	49	0
1990	47	29	0	1997	179	50	0
1991	37	38	0	1998	221	59	1
1992	50	52	0	1999	301	61	2
1993	81	62	0	2000	469	88	0
1994	112	57	0	2001	454	128	2
1995	102	32	0	2002	254	71	2

资料来源：中国知识产权网，http://www.cnipr.com

从上述数据可以看出，软件相关专利的申请在我国基本保持上升趋势，特别是在国内网络经济与软件产业发展最为迅速和活跃的 1999 年至 2001 年，其申请数量大幅增加。我国在 1988 年就授予了以软件为实现载体的方法专利，近几年也在某些技术领域如汉字输入方面有所突破。一些发达国家如美国、日本、荷兰、英国等国家的企业在我国申请的软件相关专利中基本上是以发明专利为主。截至2002年年底，美国企业在我国申请的相关专利数量合计达到483项，其中发明专利为482项，外观设计1项。而日本的情况也较为类似，截至2002年年底，日本企业在我国申请的相关专利合计达到194项，其中发明专利仍然占绝大多数，达到193项，外观设计仅为1项。

近年来，我国软件相关发明数量无论是申请量还是授权量都呈现出迅猛增长的态势。截至2003年年底，经过检索得到的计算机软件相关发明专利共有500项，其中仅2003年一年的授权数量就达到207项，占2003年之前历年合计授权总量的41.4%。具体的我国每年软件相关发明授权情况可参见表7-3和图7-2。

表7-3　至2003年年底软件相关发明专利授权情况表　　单位：项

年　份	授权发明	年　份	授权发明	年　份	授权发明	年　份	授权发明
1990年以前	14	1993	35	1997	8	2001	55
1990	7	1994	16	1998	7	2002	73
1991	13	1995	16	1999	18	2003	207
1992	8	1996	3	2000	20		

资料来源：中国知识产权网，http://www.cnipr.com

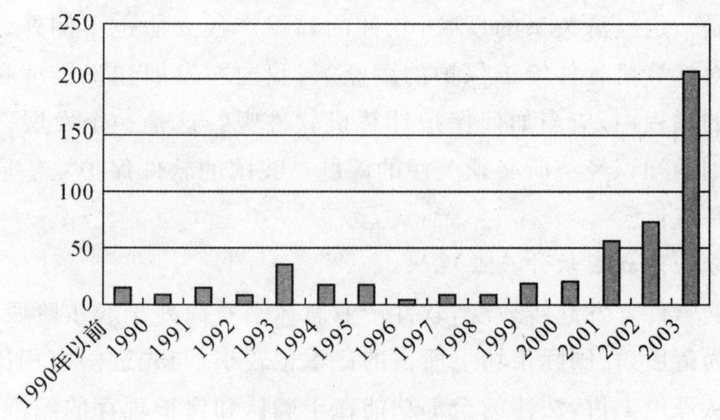

图7-2　至2003年年底软件相关发明专利授权情况图

资料来源：中国知识产权网，http://www.cnipr.com

通过对以上数据和图表的分析可知，在1993年左右软件相关发明专利授权数量有一次明显的增长，此后从2001年开始，计算机软件相关专利的授权数量持续明显增加，这显然与1993年和2001年对专利《审查指南》进行了两次较大的修改有着直接的关系。主要的原因体现在，新的《审查指南》规定如果计算机程序属于一项发明的组成部分，如果该计算机程序不仅仅涉及数学算法或数学方法而是涉及了某种技术概念，具体地说就是该计算机程序与某一技术领域相关，至少涉及了一个技术问题并且还能够产生一定的技术效果，那么这种发明中所涉及的计算机程序，我们称之为具有技术性的计算机程序，属于专利保护的范畴。显然，一国的有关法律法规和政策的颁布与实施确实会对软件相关发明数量产生重要的影响。

7.4 软件保护政策的战略研究

基于目前中国计算机软件保护的现状，可以对我国的计算机软件保护的政策提出一些意见和建议。本节将就中国计算机软件保护政策的基点和战略选择提出一些构想，以期对中国软件产业的知识产权保护问题研究起到一定的借鉴作用。

7.4.1 软件保护政策的基点

法律是一定经济关系的反映，软件的知识产权立法也不例外。在世界各国普遍对计算机软件给予保护的潮流下，我国在发展知识经济和追赶世界高科技的过程中，应当如何保护计算机软件呢？这是一个发展以计算机技术为基础的知识经济所必须关注的课题。我国的软件保护立法应立足于以下三个基点：

1. 充分认识我国软件产业现状

我国的软件开发起步较晚，软件产业总体来看尚处于起步阶段，软件技术水平较为落后，在国际市场上所占的比重也较小，与先进国家相比差距仍然很大。从理论上讲，法律的全部功能在于确认和保护现存的经济关系，平衡个人利益、局部利益和社会利益之间的关系。因此，有学者认为我国的软件产业从发展的角度来看不应过分地强调对软件立法保护。但从国内外的形式来看，又不得不加强这一方面的立法，或者说这是一种必然的趋势和选择。所以,我们应当着眼于本国软件产业的发展现状,在立法的过程中既要保护民族利益促进软件产业的发展,又要促进软件的进口,加强交流。

2.充分认识我国软件的立法现状

目前,我国已对计算机软件采取了版权法保护模式,明确把软件视为"作品"而给予版权保护,这是一个大前提。这一方面是自身的需要,另一方面也是迫于美国政府的压力。基于这种现实,我国未来软件保护法应在这一立法基础上进行,以使法律能互相衔接,尽可能降低立法成本。

3.考虑国际现行惯例和发展趋势

当今的世界经济是相互联系的,而发展知识经济、加强世界经济一体化的趋势将进一步增强。因此,我国软件保护立法不能游离于世界软件保护体系之外,既要考虑现行的国际惯例,又要考虑国际的立法趋势。所以,尊重现行版权保护立法和着眼未来软件保护趋势是影响我国软件立法的重要因素。

7.4.2 软件保护政策的战略选择

立足于以上三个基点,我国发展知识经济和软件产业的最佳保护模式是:在软件知识产权国际保护的前提下,以版权法保护为基础、以专门立法保护为主体、以专利法保护为核心形成基本的保护,同时以商标法、合同法和反不正当竞争法为辅助的保护,实行多法综合交叉保护的体系。具体的软件综合交叉保护法律体系可参见图 7-3。

具体而言,在软件知识产权国际保护的前提下对计算机软件进行全方位的多法综合交叉保护应当包括:

1.以版权法保护为基础

这样做一方面不会改变我国软件作为"作品"受版权法保护的现状,避免了法律保护模式转化上的高额转换成本;另一方面,不会受到软件大国的强大压力,同时由于与目前国际保护趋势一致而使我国软件产业较易取得国际保护。

2.以专门立法保护为主体

这样做的基本目的在于专门立法能适应计算机软件兼具"作品性"和"功能性"的自然属性,根据计算机软件这一属性,采用专门法保护就可避免软件最具价值的技术内容不被版权法保护的尴尬,又可避免采取专利法保

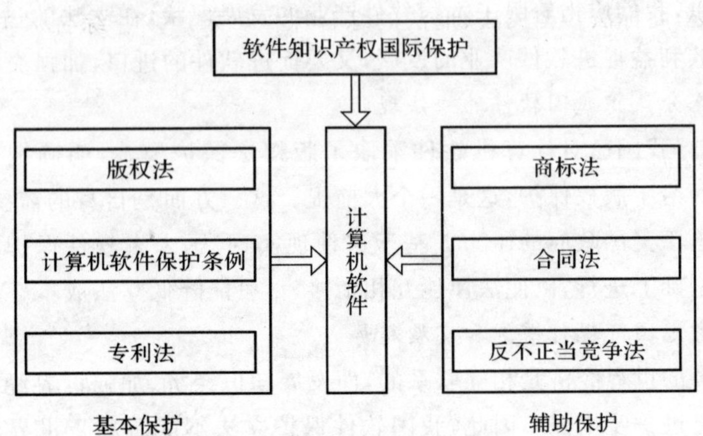

图 7-3 中国计算机软件综合交叉保护法律体系

护的不足，有利于软件的保护。同时，专门立法顺应了计算机软件保护立法的趋势。实际上，世界各国无论是否反对以专门立法保护软件，在立法和司法中均不同程度地在朝着专门立法方向发展，这种发展与近年来高新技术的发展恰好相适应。

3. 以专利法保护为核心

此举基本顺应当前计算机软件专利保护不断扩张的国际趋势。从最初的不可专利性到可专利性，对软件专利保护的认识总是要经历一个曲折的过程。在互联网和电子商务迅速发展的今天，随着软件产业的发展，为了加强对软件权利人的保护，计算机软件的专利保护必将得到拓展。随着美国和日本等发达国家先后承认软件专利具有可专利性，并修改《专利审查指南》进行权利扩展，国内对于软件专利问题的研究也应该从可专利性问题的讨论上开始转向对软件发明的判断标准和软件专利权的具体保护问题之上。

4. 在上述基本保护的基础上，适当地进行辅助保护，形成多法综合保护的体系

计算机软件采取多法综合保护是为了适应发展知识经济的需要。当今，构成知识经济时代三大支柱技术的新材料技术、新能源技术和信息技术三者之间日益相互渗透，由此产生了大量的交叉边缘学科，因此现有的知识产权保护体系中的各个法律也不应再孤立地调整各自相应的法律关系，人为地划分种种界限。计算机软件作为一种新技术，需要版权法、专利法、商

业秘密法、商标法乃至民法、刑法的综合保护。采用多法综合保护,不仅对于计算机软件,而且对于由多媒体、生物技术等高科技产生的新的法律关系,也同样适用。

7.5 本章小结

21 世纪被人们称为知识经济的世纪,科学技术的迅猛发展和知识产品的不断创新在向传统的法律制度提出新挑战的同时,也促进了法律的变革和完善。计算机软件作为新的知识产权保护客体,由于其自身的独特性,无论将其纳入任何一部现有的法律规范加以保护都是不充分、不全面、不彻底的。因此,在软件技术不断创新的同时,更应注重在知识产权保护的法律制度方面进行大胆创新,加强软件立法,以此不断促进软件产业的发展。所以本章在研究我国软件知识产权保护现状和具体情况的基础上,指出我国的软件保护立法应该立足于三个基点:一是充分认识我国软件产业现状;二是充分认识我国软件的立法现状;三是考虑国际现行惯例和发展趋势。同时提出我国发展知识经济和软件产业的最佳保护模式:在软件知识产权国际保护的前提下,以版权法保护为基础、以专门立法保护为主体、以专利法保护为核心形成基本的保护,同时以商标法、合同法和反不正当竞争法为辅助的保护,实行多法综合交叉保护的体系。

8 结论与启示

本章首先回顾全书，总结并列举出书中的重要结论，然后指出本书的一些不足之处，最后展望本书在将来的后续工作中的进一步研究方向。

8.1 研究的基本结论

本书以软件的知识产权保护问题为主线，对软件的专利保护和版权保护进行理论和实证的比较研究，得出以下基本的研究结论：

1. 在构建理论模型对软件的专利保护和版权保护从创新数量、创新利润和社会福利三个角度进行比较的时候，尝试性地给出一个计算机软件法律保护制度的框架。其一，计算机软件的法律保护制度应能使大多数的软件受到保护，这样才能有效地激励创新的数量。由于保护范围越宽、周期越长的制度越利于总创新数量的增加，从这个角度看版权制度较优于专利制度。其二，计算机软件的法律保护制度应能保护创新者利益，从而促使软件产业的发展。由于保护范围越宽、周期越长和创新者人数越少的制度越利于创新者提高其创新利润，所以专利法比版权法更能保护创新者的垄断利润。其三，计算机软件的法律保护制度应能鼓励创新者的独立创新，使更多的消费者从技术进步中受益，从而提高全社会的福利水平。由于保护范围越宽、保护时期越长、保护的创新者个数越多的法律制度，能够促进社会福利水平的提高，从此角度看版权制度的允许独立创新原则会使更多的消费者从中受益。究竟一国应如何选择适合本国发展的软件保护制度，关键在于各国如何对待软件产业发展和全社会福利以及权衡问题。

2. 在探讨累积创新与计算机软件版权保护的关系的时候，通过构建一个累积创新框架下的拍卖模型来探讨知识产权制度的福利效应，比较各种具体制度的效率及其在各种特殊产业中的应用保护问题。特别考虑了一个孤立创新框架下两家厂商创新竞赛的拍卖模型，之后引入累积创新框架，讨论当存在领先厂商的情况下两家厂商在“研究”与“开发”过程中的创新策略与行为，并分别考察了领先厂商单独开发、追随厂商模仿以及领先厂商授权追随厂商获得许可三种情况下的社会福利水平，并对模型的研究结论进行了应用扩展，将模型得出的结论进行比较，并结合不同的产业特征讨论知识产权保护政策的差异。在计算机软件行业中，这类行业在研发人员的数量、研发设备的要求和启动研发的资金等各个方面要求相对较少，并且厂商相互之间的溢出水平比较高，原因在于这类行业的创新成果维持是一件较为困难的事情。复制活动在这类行业中频频发生，侵权案件的数量在这类行业中也是居高不下，关键在于创新成果的易复制性和复制成本的低廉。对于此类行业，我们认为应该适用比较宽松的保护制度进行保护，比如版权制度。

3. 在探讨专利期限与计算机软件专利保护的关系的时候，指出具有统一专利长度的专利制度效率是值得怀疑的。因此沿用 Gilbert 和 Shapiro (1990)的分析方法，借用社会福利贴现值的模型来研究软件专利保护的最优期限。先引入创新成功概率 ηx，构建企业研发投资模型并进行分析，得出结论，在给定回报率条件下对于具有不同投资风险、不同创新成功率的行业，设定专利保护期限的效果可能不同：投资风险较高即创新成功率较低的行业，设定专利保护期限的专利政策可能会失效；而投资风险较低即创新成功率较高的行业，设定专利保护期限的专利政策往往有效。然后引入创新效率 h，构建最优保护期限模型并进行分析，得出结论，随着行业创新效率的增加，最优专利期限首先增加，在达到最大值之后开始趋于减小，因此有必要根据具体的产业或行业的基本特征尤其是创新效率的高低，分别设定不同的专利期限并给予不同的专利保护。此外，还基于城市截面数据，研究了包含不同解释变量的回归结果，发现企业 R&D 经费支出和销售规模对企业专利申请数有显著的影响，而企业的利润水平对专利申请数的影响则不显著，说明高利润的软件企业并不具有申请专利以保护 R&D 成果的显著动机。这对当前专利制度的运行效率和经济效率提出了挑战。

4. 在 Richardson 和 Gaisford(1996)模型扩展研究的基础上，对 TRIPS 协议的效应进行比较分析，此后引入软件产业中的网络外部性特征，提出与 TRIPS 单边推行的保护机制相比能使全球社会福利最大化的双边协商保护机制。在模型中，提出了软件知识产权综合保护维度。此变量不仅考虑了一般文献中经常论及的保护长度，还包括了保护宽度，以及新定义的保护高度。具体而言，保护长度是指政府所设置的对软件产品适用的保护期限；保护宽度是指保护所能覆盖的范围；保护高度则是指保护的法律不完备性，包括执法的措施、权利丧失的保护以及是否是一些重要国际条约的成员国等。而知识产权综合保护维度 φ 则是政策向量（ T,ω,H ）的组合。并认为基于网络外部性，应适当降低北国的保护维度，并对南国生产的传统产品给予低关税或零关税，或是向南国开放更大的北国市场，或是对南国产品进口采取较为宽松的准入标准等措施，使得南国可以从中获得传统产品收益 TT，从而补偿南国在 IPR 保护上的损失。由此得到基于网络外部性条件下的南北两国最优的 IPR 保护维度（ φ''_n,φ''_s ）。并且，此时仍然保持了南北两国即全球的 IPR 维度的统一性。

5. 在研究我国软件知识产权保护现状和具体情况的基础上，提出我国发展知识经济和软件产业的最佳保护模式是：在软件知识产权国际保护的前提下，以版权法保护为基础、以专门立法保护为主体、以专利法保护为核心形成基本的保护，同时以商标法、合同法和反不正当竞争法为辅助的保护，实行多法综合交叉保护的体系。

8.2 进一步研究的方向

本书在软件的知识产权保护问题研究方面，得到了一些富有启发意义的结论，从一定程度上促进了知识产权相关的法律经济学理论的发展。但是，仍然存在以下几个方面的问题有待完善：

1. 随着国内外各类统计数据的完善，以及数据处理和分析技术的不断更新进步，各类实证研究在大量文献中得到前所未有的发展。实证研究是理论研究的重要组成部分，也是数理模型结论的检验标准。因此，运用实证分析工具对软件知识产权保护问题进行研究是极其重要的工作。本书已经在部分章节中运用了实证数据进行经验性研究，也得到了不少有意义的结论，但是在全书来看所占的篇幅仍然较为有限。在今后的研究中，运用更多的计量工具和计量模型进行研究将是努力的方向。

2. 本书采用的分析框架多为一般均衡分析框架以及静态和比较静态分析为主的研究方法，适用于一定期限内的研究。面对长期的知识产权保护过程，更需要运用动态的一般均衡框架来构建模型。

3.本书在研究和构建模型的时候抓住了软件的部分特征,如固定投入成本较大、复制成本低、更新期短、易复制性以及网络外部性等特征,但是舍弃了软件产品和软件产业的一些其他个别特征,如转换成本和锁定等问题。

4.为了更好地解决软件知识产权的保护问题,必须不断地对一些新现象和新问题所涉及的新领域作相应的扩展研究。在研究的内容方面可以作如下的扩展:第一,虽然在第六章中提及了软件知识产权综合保护维度的问题,但是对于其中的相关关系没有很详细的说明和严格的数理证明。并且在其他问题的研究方面,如专利保护、版权保护,没有能够结合此变量进行广泛研究。这个方面可能是将来可以继续深入的一个视角。第二,在第二章的基本原理介绍中,我们提到软件知识产权保护的形式多种多样,而我们在第四章和第五章主要是分别针对版权制度和专利制度作了详细的研究和比较,对其他的法律制度或是其他的一般产权制度都未给予很详尽的模型说明。这些问题的后续研究,也将成为一个值得继续和拓展的内容。第三,关于软件产品的介绍中,涉及软件的一些分类情况。而在本书中没有对软件的不同分类进行分别描述。不同类型的软件往往具有不同的特征,那么在运用知识产权保护的时候,或许也应该采取不同的保护措施和方式。因此,软件的分类保护问题也应该是一个值得关注的研究方向。

参考文献

[1] Aaron Schiff. The economics of open source software: a survey of the early literature. *Review of Network Economics*, 2002,1(1).

[2] Abhijit V Banerjee, Esther Duflo. Reputation effects and the limits of contracting: a study of the Indian software industry. *Quarterly Journal of Economics*, AUG,2000: 989～1055.

[3] Adam B Jaffe. *The U. S. patent system in transition: policy innovation and the innovation process*. NBER Working Paper, 1999.

[4] Alan V Deardorff. Welfare effects of global patent protection. *Economica, New series*, 1992,59(233): 35～51.

[5] Amit Gayer, Oz Shy. *Copyright protection and hardware taxation*. Presented at the Conference Competition Strategies and Competition Policy in the Information Economy, April, 2002: 5～6.

[6] Andres A R. *The European software piracy: an empirical application*. University of Southern Denmark Working Paper, 2002.

[7] Andres A R. *The relationship between software protection and piracy: evidence from Europe*. University of Southern Denmark Working Paper, 2003.

[8] Aoki R, Hu J L. Licensing vs. litigation: the effect of the legal system on incentives to innovation . *Journal of Industrial Economics*, 1999, 34: 130～160.

[9] Arrow K J. *Economic Welfare and the allocation of resources to invention*. In: Nation bureau of economics research, the rate and direction of inventive activity: Economic and social factors. Princeton University, 1962.

[10] Arthur W B. Competing technologies, increasing returns and lock-in by historical events. *Economic Journal*, 1989, 99: 116～131.

[11] Benjamin Bental, Menahem Spiegel. Network competition, product quality and market coverage in the presence of network externalities. *Journal of Industrial Economics*, 1995, 43(2): 197～208.

[12] Besen. New technologies and intellectual property: an economic analysis. *The RAND Corp.*, 1987.

[13] Besen S M, S N Kirby. Private copying, appropriability and optimal copying royalties. *Journal of Law and Economics*, 1989, 32: 255～280.

[14] Besen S M, L J Raskind. An introduction to the law and economics of intellectual property. *Journal of Economic Perspectives*, 1991, 5: 3～27.

[15] Besen, Farrell J. Choosing how to compete: strategies and tactics in standardization. *Journal of Economic Perspectives*, 1994, 8: 117～31.

[16] Bessen James, Eric Maskin. *Sequential innovation, patents, and imitation*. Harvard University and Massachusetts Institute of Technology, Working Paper Department of Economics, No. 00-01, Jan, 2000.

[17] Bessen James, Robert M Hunt. *An empirical look at software patents*. MIT Working Paper, 2003.

[18] Bessen James, Robert M Hunt. *The software patent experiment*. Forthcoming in Conference Proceedings, Patents, Innovation and Economic Performance, OECD, April, 2003.

[19] Boldrin M, D K Levine. *Rent seeking and innovation*. Levine's Working Paper Archive, 2003.

[20] Brian D Wright. The economics of invention incentives: patents, prizes, and research contracts. *The American Economics Review*, 1983, 73(4): 691～707.

[21] Bronwyn H Hall. *On copyright and patent protection for software and databases: a tale of two worlds*. ESF-IIASA_NSF Workshop University of California at Berkeley and Nuffield College, Oxford

University, Dec, 1999.

[22] Bryiofesson E, C Kemerer. Network externalities in the microcomputer software: analysis of the spreadsheet market. *Management Science*, 1996,42: 1627～1647.

[23] Business Software Alliance. 2002, 2003 *Software piracy report*. Washington, D.C.: BSA, 2002, 2003.

[24] Buxmann P. *Network effects on standard software markets: a simulation model to examine pricing strategies*. Proceedings of the SIIT-Conference, 2002.

[25] Carlos Ponce. *Knowledge disclosure as intellectual property rights protection*. Levine's Working Paper Archive, UCLA Department of Economics, 2003.

[26] Chandana Chakraborty, C Jayachandran. Indian software industry: structure, trends and constraints. *Journal of Services Research*, 2001,1(2):73～93.

[27] Chaves Bruno, Frédéric Deroian. *A note on strategic piracy in the economics of software: an explanation by learning costs*. Mimeo - FORUM, 2004.

[28] Chen Y, I Png. *Software pricing and copyright enforcement against end-user*. National University of Singapore Working Paper, 2000.

[29] Cheng H K, Sims R, H Teegen. Toward a profile of student software pirates. *Journal of Business Ethics*, 1996,8: 839～851.

[30] Cheng H K, Sims R, H Teegen. To purchase or to pirate software: an empirical study. *Journal of Management Information Systems*, 1997,13: 49～60.

[31] Chin Judith, Grossman Gene M. *Intellectual property rights and North-South trade*. In: R. W. Jones and A. O. Krueger, eds. The political economy of international trade. Cambridge MA: Basil Blackwell Publishers, 1990:90～107.

[32] Chou C, O Shy. Partially compatible brands and supporting service. *Economics Letters*, 1993,41: 193～197.

[33] Church J, N Gandal. Network effects, software provision and standardization. *Journal of Industrial Economics*, March, 1992: 85 ~103.

[34] Church J, N Gandal. Complementary network externalities and technological adoption. *International Journal of Industrial Organization*, 1993, 11: 239 ~260.

[35] Cohen Julie, Mark Lemley. Patent scope and innovation in the software industry. *California Law Review*, 2001, 89: 1~57.

[36] Cole Julio H. Patents and copyrights: do the benefits exceed the costs? *Journal of Libertarian Studies*, 2001, 15(4): 79~105.

[37] Conner K R, R P Rumelt. Software piracy: an analysis of production strategies. *Management Science*, 1991, 37: 125~139.

[38] Corinne Langinier, GianCarlo Moschini. *The economics of patents: an overview*. Iowa State University Working Paper, 2002: 293.

[39] Cornelli F, Schankerman M. Patent renewal and R&D incentives. *RAND Journal of Economics*, 1999, 30(2): 197~213.

[40] Crampes C, Laffont J. *Copying and software pricing*. Mimeo. IDEI Working Paper, June, 2002.

[41] Crampes C, C Langinier. Litigation and settlement in patent infringement cases. *RAND Journal of Economics*, 2002, 33: 258~274.

[42] Dale W Clauson, William E Spaulding, Thomas. Content analysis: an approach to the computer software protection controversy. *American Business Law Journal*, 1979, 17: 175~192.

[43] Dam K W. *The economic underpinnings of patent law*. University of Chicago Law School Working Paper, 1993(19).

[44] Dam K W. Some economic considerations in the intellectual property protection of software. *Journal of Legal Studies*, Vol. XXIX, June, 1995: 321~377.

[45] Dam K W. *Intellectual property in an age of software and biotechnology*. In: Eric A. Posner (Ed). Chicago Lectures in Law and Economics, 1995.

[46] Daniel Lin. Research versus development: patent pooling, innovation and standardization in the software industry. *J. Marshall Rev. Intell Prop.* L. 274, 2002.

[47] Dasgupta P. Patents, priority and imitation or, the economics of races and waiting games. *The Economic Journal*, 1988, 98: 66~80.

[48] Dasgupta P, Stiglitz J E. Industrial structure and the nature of innovative activity. *Economic Journal*, 1980, 90: 266~293.

[49] Denicolo V. Patent races and optimal patent breadth and length. *Journal of Industrial Economics*, 1996, 44: 249~265.

[50] David A. Paul Clio and the economics of QWERTY. *American Economic Review*, 1985, 75(2): 332~337.

[51] Deardorff Alan V. Welfare effects of global patent protection. *Economica*, 1992, 59(233): 35~51.

[52] Diwan I, Roddrik D. Patents, appropriate technology and North-South trade. *Journal of International Economics*, 1991, 30: 27~47.

[53] Dixon P, C Greenhalgh. *The economics of intellectual property: a review to identify themes for future research*. Oxford Working Paper, 2002.

[54] Donald E Harter, Mayuram S Krishnan, Sandra A Slaughter. Effects of process maturity on quality, cycle time, and effort in software product development. *Management Science*, 2000, 46(4): 451~466.

[55] Edwin Mansfield, Mark Schwartz, Samuel Wagner. Imitation costs and patents: an empirical study. *The Economic Journal*, 1981, 91: 907~918.

[56] Edwin Mansfield. Patents and innovation: an empirical study. *Management Science*, 1986, 32: 173~181.

[57] Encaoua D, B H Hall, F Laisney, J Mairesse. *The economics and econometrics of innovation*. Kluwer Academic Publishers, 2000.

[58] Farrell J, G Saloner. Standardization, compatibility, and innovation. *RAND Journal of Economics*, 1985, 16: 70~83.

[59] Farrell J, G Saloner. Installed base and compatibility: innovation,

product preannouncements, and predation. *American Economics Review*, 1986,76: 940～955.

[60] Fenwick, West LLP. 2004 report on international legal protection for computer software. *The Computer & Internet Lawyer*, April, 2004, 21(4).

[61] Frederick R Warren-boulton, Kenneth C Baseman, Glenn A Woroch. The economics of intellectual property protection for software: the proper role for copyright. *Microeconomics Consulting and Research Associates*. Washington DC. And UC Berkeley: photocopied, 1993.

[62] Gandal Neil. Hedonic price indexes for spreadsheets and an empirical test for network externalities. *RAND Journal of Economics*, 1994, 25: 160～170.

[63] Gandal Neil. Competing compatibility standards and network externalities in the PC software market. *The Review of Economics and Statistics*, 1995,77: 599～608.

[64] Gilbert R, C Shapiro. Optimal patent length and breadth. *RAND Journal of Economics*, 1990,21: 106～112.

[65] Givon M, V Mahajan, E Muller. Software piracy: estimation of lost sales and the impact on software diffusion. *Journal of Marketing*, 1995,59: 29～37.

[66] Glenn Ellison, Drew Fudenderg. The neo-luddite's lament: excessive upgrades in the software industry. *RAND Journal of Economics*, summer, 2000,31(2): 253～272.

[67] Gopal R D, Sanders G L. Preventive and deterrent controls for software piracy. *Journal of Management Information Systems*, 1997,13(4): 29～47.

[68] Gopinath Kallianpur, Ravishankar M K. *Intellectual property rights in computer software: issues at stake for developing countries*. Computer Science & Automation Indian Institute of Science Working Paper, 1997.

[69] Gordon W J, R G Bone. *Copyright*. Encyclopedia of Law and

Economics, 1610.

[70] Graham Stuart J H, David C Mowery. *Intellectual property protection in the US software industry*. In: Wesley M Cohen, Stephen A Merrill (eds). Patents Page 19. 18 in the Knowledge-Based Economy, National Research Council. Washington: National Academies Press, 2003:219～258.

[71] Green J, Scotchmer S. On the division of profit in sequential innovation. *RAND Journal of Economics*, 1995,26: 20～33.

[72] Greenstein Shane. Did installed base give an incumbent any (measurable) advantages in federal computer procurement. *RAND Journal of Economics*, 1992,24: 19～39.

[73] Grossman H I. Inventors and pirates: creative activity and intellectual property rights. *European Journal of Political Economy*, *Elsevier*, 2005,21(2):269～285.

[74] Grossman G M, Lai Edwin L C. International protection of intellectual property. *American Economic Review*, 2004.

[75] Hahn R W, Scott Wallsten. *A review of bessen and hunt's analysis of software patents*. AEI-Brollings Joint Center Washington, DC, 2003.

[76] Hal R Varian. Economic incentive in software design. http://www.sims.berkeley.edu/～hal/Papers/Software.pdf, 1993.

[77] Hakfoort Jacco. *Copyrights protection: not more but different*. CPB Netherlands Bureau for Economic Policy Analysis Working Paper 122.

[78] Hall B H, R H Ziedonis. The patent paradox revisited: an empirical study of patenting in the U.S. semiconductor industry, 1979—1995. *RAND Journal of Economics*, 2001,32: 101～128.

[79] Hart R, Holmes P, J Reid. *The economic impact of patentability of computer programs*. Report to the European Commission, 2000.

[80] Harvard Law Review. Tackling global software piracy under trips: insights from international relations theory. 2003, 116(4): 139

~229.

[81] Helpman Elhanan. Innovation, imitation, and intellectual property rights. *Econometrica*, November, 1993, 61(6):1247~1280.

[82] Hoppen N, Beimborn Daniel, König W. The impact of software patents on the structure of the software market-A simulation model. *Proceedings of the* 11*th European Conference on Information Systems*(*ECIS*), 2003.

[83] Im Al-Jabri, Ah Abdul-Gader. Software copyright infringements: an exploratory study of the effects of individual and peer beliefs. *Omega*, 1997,25(3): 335~344.

[84] James J Anton, Dennis Yao. Finding lost profits: an equilibrium analysis of patent infringement damages. http://www. fuquaworld. duke. edu/frp/jja1/AntonYaoLostProfitsJuly04. pdf,2004.

[85] Janusz A Ordover. A patent system for both diffusion and exclusion. *Journal of Economic Perspectives*, 1991,5(1): 43~60.

[86] Jean O Lanjouw, Josh Lerner. *The enforcement of intellectual property rights: a survey of the empirical literature*. NBER Working Paper, Dec,1997.

[87] Josh Lerner. The economics of improvement in intellectual property law. *RAND Journal of Economics*, 1994,25: 319~333.

[88] Josh Lerner. *Patent protection and innovation over* 150 *years*. NBER Working Paper, June, 2002.

[89] Josh Lerner, Jean Tirole. *The simple economics of open source*. NBER Working Paper, Mar, 2000.

[90] Katz A. *A network effects perspective on software piracy*. University of Toronto Law and Economics Working Paper, No. 03~01.

[91] Katz M, C Shapiro. Network externalities, competition, and compatibility. *American Economic Review*, 1985,75:424~440.

[92] Katz M, C Shapiro. Technology adoption in the presence of network externalities. *Journal of Political Economy*,1986,94(4): 822~841.

[93] Katz M, C Shapiro. R&D rivalry with licensing or imitation.

American Economic Review, 1987,77: 402～420.

[94] Katz M, C Shapiro. System competition and network effects. *Journal of Economic Perspectives*, 1994,8: 93～115.

[95] Kitch E W. The nature and function of the patent system. *Journal of Law and Economics*,1977,20: 265～290.

[96] Klaus kultti, Tuomas Takalo. A search model of intellectual protection. http://www. valt. helsinki. fi/staff/tttakalo/wp. pdf.

[97] Klemperer P. How broad should the scope of patent protection be? *RAND Journal of Economics*,1990,21: 113～130.

[98] Knut Blind, Jakob Edler. Idiosyncrasies of the software development process and their relation to software patents: theoretical considerations and empirical evidence. *Netnomics*, May, 2003,5(1): 71～96.

[99] Kurtz M, Schrank A, K Shadlen. *The political economy of intellectual property protection: the case of software*. Working Paper, DESTIN, LSE,2002.

[100] Lai Edwin L C. International intellectual property rights protection and the rate of product innovation. *Journal of Development Economics*, 1998,55:133～153.

[101] Lai Edwin L C, Qiu Larry D. The north's intellectual property rights standard for the south? *Journal of International Economics*, January, 2003, 59(1):183～209.

[102] Lemley M A. The economics of improvement in intellectual property law. *Texas Law Review*, 1997,75: 989～1084.

[103] Levin. A new look at the patent system. *American Economic Review*, 1986,76: 199～202.

[104] Liebowitz S J, Margolis S. Network externality: an uncommon tragedy. *Journal of Economic Perspectives*, 1994,8: 133～150.

[105] Liz Dunshee. Legal and economic strategies for international intellectual property protection: the case of software. www. cba. uni. edu/economics/dunshee. pdf.

[106] Llobet, Gerard, Hopenhayn, Hugo A, Mitchell Matthew F. Rewarding sequential innovators: prizes, patents and buyouts. CEMFI Working Paper, No. 0012,September, 2000.

[107] Loury G L. Market structure and innovation. *Quarterly Journal of Economics*, 1979,93: 395～410.

[108] Manfredi La Manna, Ross Macleod and David de Meza. The case for permissive patents. *European Economic Review*, 1989, vol. 33, issue 7, page 1427～1443.

[109] Marc J Pensabene, Jonathan Berschadsky. Software patent damages for foreign sales: have the district courts gone too far? *The Computer & Internet Lawyer*, July, 2004,21(7).

[110] Mark Schankerman, Suzanne Scotvhmer. Damages and injunctions in protecting intellectual property. *RAND Journal of Economics*, Spring, 2001,32(1): 199～220.

[111] Marron D B, D G Steel. Which countries protect intellectual property? the case of software piracy. *Economic Inquiry*, 2000,38(2): 159～174.

[112] Menell P S. Intellectual property: general theories, encyclopedia of law and economics, 1600.

[113] Menell Peter S. An analysis of the scope of copyright protection for application programs. *Stanford Law Review*, 1989, 41: 1045～1104.

[114] Menell Peter S. The challenges of reforming intellectual property protection for computer software. *Columbia Law Review*, 1994,94: 2644～2654.

[115] Merges R, Nelson R. On the complex economics of patent scope. *Columbia Law Review*, 1990,90(4): 839～916.

[116] Michael D Bradley, Stephen C Smith. The comparative institutions of profit sharing: the U. S. computer industry. *Journal of Economic Issues*, Vol. ⅩⅩⅥ, No2, June, 1992: 573～582.

[117] Michael Stolpe. Protection against software piracy: a study of

technology adoption for the enforcement of intellectual property rights. *Econ. Innov. New Techn*. 2000,9: 25～52.

[118] Michele Boldrin, David K Levine. The case against intellectual property. *The American Economic Review*, 2002,92: 209～212.

[119] Mukherjee Arijit, Pennings Enrico. *Imitation, patent protection and welfare*. School of Economics Discussion Paper, No. 03/02. March, 2003.

[120] Mustonen M. Copyleft — the economics of Linux and other open source software. *Information Economics and Policy*, 2003,15(1): 99～121.

[121] Nancy Gallini. Patent policy and costly imitation. *RAND Journal of Economics*, 1992,23: 52～63.

[122] Nancy Gallini. The economics of patents: lessons from recent U. S. patent reform. *Journal of Economic Perspectives*, Spring, 2002,16 (2): 131～154.

[123] Nancy Gallini, Suzanne Scotchmer. *Intellectual property: when is it the best incentive system*? UC Berkeley Working Papers, No. E01～303, Aug,2001.

[124] Nascimento F, W R Vanhonacker. Optimal strategic pricing of reproducible consumer products. *Management Science*, 1988, 34: 921～937.

[125] Nicholas Economides. The economics of networks. *International Journal of Industrial Organization*, 1996,14(6): 673～699.

[126] Nordhaus W D. *Invention, growth, and welfare: a theoretical treatment of technological change*. MIT Press, 1969.

[127] O'Donoghue T. A patentability requirement for sequential innovation. *RAND Journal of Economics*, 1998,29(4): 654～679.

[128] O'Donoghue T, Schotchmer S, Thisse J F. Patent breadth, patent life, and the pace of technological progress. *Journal of Economics and Management Strategy*, 1998,7(1): 1～32.

[129] Oz E. The attitude of managers-to-be toward software piracy. *OR/*

MS Today, 1990: 24～26.

[130] Page W H, J E Lopatka. Network externalities. *Encyclopedia of Law and Economics*, 0760.

[131] Poddar Sougata. *Network externality and software piracy*. National University of Singapore Working Paper, No. 2002/115,2002.

[132] Poddar Sougata. *Economics of software piracy and it's global impact*. National University of Singapore Working Paper, 2002.

[133] Poddar Sougata. *On software piracy when piracy is costly*. National University of Singapore Working Paper, No. 0309, 2003a.

[134] Poddar Sougata. *Software piracy: when protection is optimal to the software developer*. National University of Singapore Working Paper, No. 0312, 2003b.

[135] Qiu L D. *A general equilibrium analysis of software development: copyright protection and contract enforcement*. Hong Kong University Working Paper, 2003.

[136] Rasussen H B. *Explaining software piracy*. University of Copenhagen Working Paper, 2003.

[137] Richardson R S, Gaisford J D. North-South disputes over the protection of intellectual property. *The Canadian Journal of Economics*, Special Issue: Part 2, 1996,29:376～381.

[138] Robert Schware. Software industry entry strategies for developing countries: a walking on two legs proposition. *World Development*, 1992,20(2): 143～164.

[139] Rohlfs J. A theory of interdependent demand for a communication service. *Bell Journal of Economics*, 1999,8: 16～37.

[140] Sakakibara Mariko, Lee Branstetter. *Do stronger patents induce more innovation? Evidence from the* 1988 *Japanese patent law reforms*. NBER Working Paper, 1999.

[141] Saloner G, A Shepard. Adoption of technologies with network externalities: an empirical examination of the adoption of automated teller machines. *Stanford University Mimeo*, 1990.

[142] Scherer F M. Nordhaus' theory of optimal patent: a geometric reinterpretation. *American Economic Review*, 1972, 62: 422～427.

[143] Scotchmer S. Standing on the shoulders of giants: cumulative research and patent law. *Journal of Economic Perspectives*, 1991, 5: 29～41.

[144] ScotchmerS. Protecting early innovators: should second-generation products be patentable. *RAND Journal of Economics*, 1996, 27: 322～331.

[145] Scotchmer S, Green J. Novelty and disclosure in patent law. *RAND Journal of Economics*, 1990, 21: 131～146.

[146] Seventh annual BSA global software-piracy study, June, 2002.

[147] Shavell S, T Van Ypersele. Rewards versus intellectual property rights. *The Journal of Law and Economics*, 2001, 44(2): 525～547.

[148] Shy O, J F Thisse. A strategic approach to software protection. *Journal of Economics and Management Science Strategy*, 1999, 8: 163～190.

[149] Shy O. *The economics of network industry*. Cambridge: Cambridge University Press, 2001.

[150] SIIA. *SIIA's report in global software piracy* 2000. Software and Information Industry Association, Washington.

[151] Slive J, D Bernhardt. Pirated for profit. *Canadian Journal of Economics*, 1998, 31(4): 886～899.

[152] Stephen Breyer. The uneasy case for copyright: a study of copyright in books, photocopies, and computer programs. *Harvard Law Review*, 1970, 84(2): 281～351.

[153] Sumil Kanwar, Robert E Evenson. Does intellectual property protection spur technological change? *Discussion Paper*, No. 831. Economic Growth Center Yale University, June, 2001.

[154] Takalo Tuomas. Essays on the economics of intellectual property protection. *Academic Dissertation*, February, 1999.

[155] Takeyama L N. The welfare implications of unauthorized reproduction of intellectual property in the presence of demand network externalities. *Journal of Industrial Economics*, 1994, 2: 155~165.

[156] Takeyama L N. The intertemporal consequences of unauthorized reproduction of intellectual property. *Journal of Law and Economics*, Oct. 1997, 40: 511~522.

[157] Thomas J, Schmitz Jr, James A. Can companies maintain their initial innovative thrust? A study of the PC software industry. *The Review of Economics and Statistics*, August, 1994, 76(3): 523~540.

[158] Tineke Egyedi. Strategies for de facto compatibility: standardization, proprietary and open source approaches to JAVA. *Knowledge, Technology & Policy*, 2001, 14(2): 113~228.

[159] Tirole Jean. *The theory of industrial organization*. Massachusetts Institute of Technology Press, 1988.

[160] Tuomas Takalo. *On the optimal patent policy*. Finnish Papers, spring, 2001, 14(1).

[161] Tuomas Takalo. Innovation and imitation under imperfect patent protection. *Journal of Economics*, 1998, 67(3): 229~241.

[162] Varian H. Buying, sharing, and renting information goods. *Journal of Industrial Economics*, 1997, 48: 473~488.

[163] Vincenzo Denicolo, Luigi Alberto FranZoni. The contract theory of patents. *International Review of Law and Economics*, 2004, 23: 365~380.

[164] Waterson M. The economics of product patents. *American Economic Review*, 1990, 80(4): 860~869.

[165] Wendy J. Gordon fair use as market failure: A structural and economic analysis of the betamax case and its predecessors. *Columbia Law Review*, December, 1982, 82(8): 1600~1657.

[166] Wendy J Gordon. *Intellectual property*. Working Paper Series,

No. 03～10, Law and Economics Boston University School of Law, 2003.

[167] Willianmson O. Innovation and market structure. *Journal of Political Economy*, 1965,73: 67～73.

[168] Yongmin Chen, Thitima Puttitanun. *Intellectual property rights and innovation in developing countries*. Working Paper, No. 02～06, Center for Economic Analysis Department of Economics University of Colorado at Boulder, May, 2002.

[169] Yong Yang. Why do Southern countries have little incentive to protect northern intellectual property rights? *The Canadian Journal of Economics*, Oct., 1998,31(4):800～816.

[170] Carl Shapiro, Hal Varian 著. 信息规则:网络经济的策略指导. 张帆译. 北京:中国人民大学出版社,2000.

[171] R. 考特,T. 尤伦. 法和经济学. 上海:上海财经大学出版社,2003.

[172] 白兰君. 软件与商业秘密保护的理论和经验分析. 世界经济,2000(8).

[173] 陈昌柏. 知识产权经济学. 北京:北京大学出版社,2003.

[174] 戴建志,陈旭. 知识产权损害赔偿. 北京:法律出版社,1997.

[175] 董雪兵. 累积创新框架下的知识产权保护研究. 经济研究,2006(5):97～105.

[176] 董雪兵. 计算机软件版权保护与专利保护的比较研究. 制度经济学研究(第五辑),2004:54～63.

[177] 冯晓青著. 知识产权法理论与实践. 北京:知识产权出版社,2002.

[178] 干春晖,钮继新. 网络信息产品市场的定价模式. 中国工业经济,2003(5).

[179] 高德步. 产权与增长:论法律制度的效率. 北京:中国人民大学出版社,1999.

[180] 韩玉雄,李怀祖. 知识产权保护对社会福利水平的影响. 世界经济,2003(9).

[181] 寇宗来. 软件盗版的博弈理论分析. 上海经济研究,2000(11).

[182] 寇宗来. 专利保护宽度和累积创新竞赛中的信息披露. 经济学季刊,2004,3(3).

[183] 寇宗来. 专利制度的功能和绩效. 上海:上海人民出版社,2005.

[184] 理查德·A. 波斯纳. 法律的经济分析. 中国大百科全书,1992.

[185] 李纲,陈颖. 计算机软件的知识产权保护及社会成本. 情报学报,2002,21(1).

[186] 李玉剑,宣国良. 专利联盟:战略联盟研究的新领域. 中国工业经济,2004(2).

[187] 刘贝. 计算机软件专利保护问题研究. 清华大学法学硕士学位论文,2004.

[188] 刘李胜. 知识产权保护与国际技术贸易. 北京:中国经济出版社,1995.

[189] 刘茂林. 知识产权法的经济分析. 北京:法律出版社,1996.

[190] 刘茂林. 软件产权和软件侵权的经济学分析. 民商法论丛,1999(4).

[191] 吕彦主编. 计算机软件知识产权保护研究. 北京:法律出版社,2005.

[192] 彭汉英. 财产法的经济分析. 北京:中国人民大学出版社,2000.

[193] 皮特·纽曼主编. 新帕尔格雷夫法经济学大辞典. 北京:法律出版社,2003.

[194] 齐爱民,刘颖主编. 网络法研究. 北京:法律出版社,2003.

[195] 钱春海,肖英奎. 网络外部性、市场"锁定"与标准选择——联通 CDMA 与移动 GPRS 市场竞争的经济学分析. 中国工业经济,2003(3).

[196] 石林. 计算机软件的可专利性研究. 硕士学位论文. 西南政法大学,2005.

[197] 史晋川. 计算机软件盗窃案中厂商收益损失确定的经济学分析. 经济研究,1996(11).

[198] 史晋川,刘晓东. 网络外部性、商业模式与 PC 市场结构. 经济研究,2005a(3).

[199] 史晋川,刘晓东. 软件商业模式与操作系统的市场结构. 财贸经济,2005b(4).

[200] 史晋川,汪淼军. 关于计算机软件侵权最优赔偿原则研究. 经济研究,2000(8).

[201] 帅旭,陈宏民. 网络外部性与市场竞争:中国移动通信产业竞争的网络经济学分析. 世界经济,2003(4).

[202] 粟源.知识产权及其制度本质的探讨.知识产权,2005(1).
[203] 万琦.计算机软件法律保护模式之探讨.华东政法学院法律硕士学位论文,2004.
[204] 汪森军,厉斌.网络外部性、竞争和产品差异化.经济学(季刊),2003(2).
[205] 王锋,周华.试析计算机软件的专利保护.郑州大学学报(哲学社会科学版),2002(6).
[206] 王万山.软件产品价格机制研究.北京:中国财政经济出版社,2004.
[207] 王争.专利制度的经济学研究综述.北京大学学报(哲学社会科学版),2006(2).
[208] 吴澄秋,石磊.对软件盗版现象的一个经济学分析.当代经济科学,2000(3).
[209] 吴汉东.关于知识产权基本制度的经济学思考.法学,2000(4).
[210] 吴汉东,胡开忠.无形财产权制度研究.北京:法律出版社,2001.
[211] 吴欣望.专利经济学研究综述.经济学动态,2002(3).
[212] 吴欣望.专利经济学.北京:社会科学文献出版社,2005.
[213] 夏先良.私有协议与标准化的知识产权政策.中国工业经济,2004(1).
[214] 谢小平,王忠民.侵权损害赔偿的经济分析.西北工业大学学报,2003(1).
[215] 杨奕农.电脑软体之动态定价策略与最适更版时间.中原学报,2004(2).
[216] 杨艳.计算机软件的专利保护.法律硕士学位论文.华东政法学院,2003.
[217] 袁克.中国知识产权保护的经济分析.南开经济研究,2003(2).
[218] 约翰·伊特韦尔,默里·米尔盖特,彼得·纽曼.新帕尔格雷夫经济学大辞典.北京:经济科学出版社,1996.
[219] 张铭洪,陈蓉.网络外部性问题分析.中国经济问题,2002(2).
[220] 张平.网络法律评论.北京:法律出版社,2002.
[221] 张五常.商业秘密的产权问题.经济解释:张五常经济论文选.易宪荣译.北京:商务出版社,2000.
[222] 邹薇.知识产权保护的经济学分析.世界经济,2002(2).

附录

附表　2002年中国各大城市软件开发活动相关数据统计

城市	企业数（个）	项目情况		专利情况			R&D情况		财务情况	
		项目数（个）	项目经费内部支出（万元）	专利申请数（件）	发明专利申请数（件）	拥有发明专利数（件）	R&D人员（人）	R&D经费内部支出（万元）	软件销售额（万元）	利润总额（万元）
北京	1163	1939	181707	379	198	101	19882	152206	638039	63923
天津	100	417	14398	46	16	47	2346	10298	45410	6058
石家庄	26	54	1161	9	8	8	337	1630	2126	455
太原	12	40	396	7	3	2	78	13	2329	180
呼和浩特	6	32	1537	1	0	0	47	252	1309	1209
沈阳	58	185	4099	16	2	19	656	3002	4277	497
大连	132	650	20911	9	1	4	431	1239	38792	3066
长春	33	145	6273	22	5	23	766	4618	18165	10301
哈尔滨	56	265	14919	15	4	3	1886	16322	31524	14847
上海	153	973	71607	412	39	111	4713	55079	285168	51743
南京	199	1179	44671	122	81	85	3031	15265	163546	69460
杭州	41	101	8244	9	4	3	248	1693	13844	17012
宁波	46	106	1330	3	3	0	167	762	760	1047
合肥	15	68	3318	5	4	16	664	3141	4054	－494
福州	57	186	13641	23	12	17	1541	10267	31957	3007
厦门	65	231	7003	26	16	3	358	2943	4412	931
南昌	64	643	6923	26	5	12	1153	6307	14391	8270
济南	50	359	18778	40	13	38	1613	9979	247006	11211
青岛	80	324	12148	65	22	26	1001	11874	16825	1125
郑州	42	142	1946	8	2	8	282	697	4587	594

续表

城市	企业数（个）	项目情况		专利情况			R&D情况		财务情况	
		项目数（个）	项目经费内部支出（万元）	专利申请数（件）	发明专利申请数(件)	拥有发明专利数(件)	R&D人员（人）	R&D经费内部支出（万元）	软件销售额（万元）	利润总额（万元）
武汉	155	601	21578	63	29	33	2954	16157	41647	13268
长沙	50	229	8845	38	15	24	1504	6146	27087	7783
广州	333	531	29068	2	2	2	4588	43334	95845	19375
深圳	394	1592	87445	163	75	97	6014	55684	155166	30470
南宁	26	103	1961	105	1	1	325	612	749	－4
海口	9	24	1442	1	1	0	96	207	417	60
重庆	81	252	8629	40	11	25	891	2781	20081	4431
成都	93	633	38711	43	15	25	3960	14931	340868	71657
贵阳	24	53	1610	4	1	4	114	491	9776	21
昆明	65	357	7324	37	29	40	591	1153	21474	5742
西安	60	307	11779	43	15	15	1580	10120	19181	5955
兰州	23	108	4210	9	0	9	1097	2825	18045	1751
西宁	1	1	19	0	0	0	0	0	0	42
银川	15	74	574	1	1	0	138	659	1111	501
乌鲁木齐	13	40	789	0	0	0	0	0	2044	1039

数据来源：根据国家统计局《软件开发活动统计资料（2002）》（http://www.stats.gov.cn/tjsj/qtsj/rjkf/），经作者整理得到。

攻读博士学位以来主要科研成果

（2002 年 9 月—2009 年 3 月）

一、攻读博士学位以来发表的论著

1. 累积创新框架下的知识产权保护研究. 经济研究，2006(5)：97～105
2. R&D 风险、创新环境与软件最优专利期限研究. 经济研究，2007(9)：112～120
3. 法经济学的理论进展与应用研究. 经济研究，2008(6)：157～160
4. On the Profit-Making Mode of Industry Portal Websites in China. *E-Trade Review*，2006(11)：23～40
5. *Copyright issues of e-commerce*. Proceedings of international conference on e-business(ICEB 2002)，2002：627～629(被 ISTP、ISSHP 收录)
6. The reconstruction of local power：wenling city's "democratic talk in all sincerity". In：the Search for Deliberative Democracy in China. New York：Palgrave Macmillan，2006
7. 博弈论视角下的冲突战略与合作. 浙江社会科学，2005(6)：205～208
8. 计算机软件版权保护与专利保护的比较研究. 制度经济学研究(第五辑)，2004(10)：54～63
9. 域名权界定的法律经济学分析. 学会，2004(5)：360～363
10. 法律·规制·竞争. 北京：经济科学出版社，2008
11. 电子商务导论. 杭州：浙江大学出版社，2002，2004
12. 电子商务教程. 杭州：浙江大学出版社，2005
13. 电子商务技术导论. 杭州：浙江大学出版社，2002
14. 中国电子商务之都 2008 年度发展报告. 杭州：浙江大学出版社，2008
15. 中国电子商务案例精选(2008). 北京：高等教育出版社，2008
16. 法经济学. 北京：北京大学出版社，2007
17. 杭州蓝皮书 2008 年杭州发展报告(文化卷). 杭州：杭州出版社，2008

二、攻读博士学位以来主持和参与的项目

(一)主持研究项目

1.《贯彻落实科学发展观与加快转变经济发展方式——基于经济结构调整视角的研究》子项目《中国的产业结构调整与经济发展方式转变》,国家社科基金重大招标项目,全国哲学社会科学发展规划办,2008—2010年

2.《地方政府竞争与区域经济开放》,浙江省社科规划课题基地项目,2007—2008年

3.《商务部电子商务推广促进——电子商务案例研究》子项目《中国电子商务案例研究》,国家商务部,2005年

4.《基于ebXML的国际茧丝绸电子商务平台·现代物流系统及示范应用》子项目《电子商务平台》,浙江省重大科技攻关项目,2004年

5.《杭州市软件产业发展研究》,杭州市信息办"十一五"研究项目,2006—2007年

6.《杭州市动漫产业发展研究》,杭州市信息办重点研究项目,2005.10—2006.10

7.《杭州市文化创意产业发展研究》,杭州市委宣传部,2007年

8.《杭州市滨江区动漫产业竞争力提升研究》,杭州市国家动画产业基地办公室,2008年

9.《杭州加速形成动漫产业发展优势的机制研究》,杭州市社科院规划项目,2008年

10.《数据库分类保护的经济学分析》,浙江省厅教育厅项目,2003年

11.《计算机软件版权保护与专利保护比较研究》,浙江大学曙光青年资助项目,2003年

(二)参与研究项目

1.《关中—天水经济区发展规划》,国家发改委,2008年

2.《新宏观经济背景下的转型升级——2008—2009年度浙江经济分析报告》,浙江省咨询委,2008年

3.《浙江省国民经济和社会发展第十一个五年规划纲要实施中期评估报告》,浙江省发展和改革委,2008年

4.《民营经济与制度创新:台州现象研究》,浙江省重大社科项目,2002—

2004 年

5.《和谐创业与和谐发展:杭州道路研究》,杭州市政府委托项目,2005 年

6.《台州市经济社会发展战略研究》,台州市人民政府,2008 年

7.《杭州市文化创意产业发展规划》,杭州市委宣传部,2008 年

8.《青田华侨总部经济发展战略研究》,青田县人民政府,2008 年

9.《绍兴市人才队伍建设中长期规划纲要》,绍兴市委组织部,2008 年

10.《玉环全岛城市化战略研究》,玉环县人民政府,2006 年

11.《浙江省"十二五"规划总体思路研要》,浙江省发展和改革委,2009 年

后 记

时光如同一捧掬在手中的清水，无论你如何地并紧手指，它也会悄然地从指缝中溜走。从考博成功到入学修课，从论文开题到答辩定稿，从潜心修改到付梓印刷，已然走过了七年。本书是在博士论文的基础上修改而成的，凝聚了我这几年研究的心血和汗水。

攻读博士学位是我人生的重大转折。数载春秋，对于已过而立的我来说，或长或短。在这些岁月中，曾因为努力而付出过，同样也曾因为辛勤而收获过；曾因为“过尽千帆”而困苦过，同样也曾因为“柳暗花明”而欢悦过。如歌的岁月里，印下了太多的人、太多的事，值得我永远珍藏和感谢！

首先要感谢的是我的恩师，史晋川教授。记得在入师门之前，我对于经济学的感知就如同懵懂的孩童。是史老师孜孜不倦的教诲，一丝不苟的要求，带着我一步一步进入了法经济学的殿堂。史老师有着深厚的经济学功底，对前沿理论有着透彻而全面的把握。从我的博士研究方向的选定到每一部分的成稿，都包含着史老师的悉心指导。史老师为人严谨，要求严格，使我在学习和研究上都不敢有丝毫的懈怠。他对于论文的字句和格式都会作认真的修改，红色的蝇头小批常常会挤满了页面的每个空隙。这几年是我获益匪浅的几年，不仅学到了求真求实的治学态度，也学到了为人处世的方式原则。史老师广博的知识、严谨的治学态度和传道授业的师德风范，都将是值得我们这一辈年轻学人认真学习和传承的。

在学习和研究期间，浙江大学经济学院的金祥荣教授、叶航教授、张旭昆教授、汪斌教授以及罗德明副教授都对论文的框架、内容等各个方面提出了许多建设性的意见，在此向你们致以衷心的感谢！我也为自己能在茫茫求知路上遇到诸位优秀的老师而感到荣幸。此外，还要感谢张小蒂教授、金雪军教授、陈凌教授、赵伟教授、肖文教授、顾国达教授、汪炜教授、沈满洪教授、罗卫东教授，在他们的课堂上我学到了现代经济学的精髓。

浙大经济学院潘士远博士、王争同学以及复旦大学的寇宗来博士、清华大学的吴欣望博士以及目前在意大利留学的吴锦宇博士都对本书的写作给予了极大的帮助。同时在与各位师门同仁的交往和交流中，产生了不少思路和观点，他们是何嗣江、李建琴、吴意云、钱陈、唐勇、许云华、刘晓东、钱滔等同学，在此一并表示感谢。另外，还要感谢同事宗晔、沈欣林、黄勇、杨庄敏、周晓红、范良辉、叶元法等老师所给予的工作上的支持和帮助。

衷心感谢我的父母，是他们的信任和包容支持着我在求学路上一直前行。我还要感谢我的妻子朱慧，一路携手走来，从同门到夫妻，一起经历了人生中的起伏波折，有过泪水也有过欢笑，但我们始终都会甘苦与共。谨以此书，献给我亲爱的儿子董子墨，是他让我懂得了生命原来可以如此灿烂，生活原来可以如此精彩，幸福和快乐的真谛原来就在于平凡和真实，感谢有你！

此外还要感谢浙江大学出版社的袁亚春副社长和本书的责任编辑朱玲，正是他们辛勤的付出，才使拙著得以面世。

在下才疏学浅，错漏之处也在所难免，殷切希冀各位赐教。

董雪兵

2009 年 3 月于学苑春晓

图书在版编目（CIP）数据

软件知识产权保护制度研究／董雪兵著. —杭州：浙江大学出版社，2009.6
（法律经济学博士文丛／史晋川主编）
ISBN 978-7-308-06833-8

Ⅰ. 软… Ⅱ. 董… Ⅲ. 软件—知识产权—保护—研究 Ⅳ. D913.04

中国版本图书馆 CIP 数据核字（2009）第 089796 号

软件知识产权保护制度研究

董雪兵 著

丛书策划 袁亚春
责任编辑 朱 玲
文字编辑 陈 瑶
封面设计 刘依群
出版发行 浙江大学出版社
（杭州天目山路 148 号 邮政编码 310028）
（网址：http://www.zjupress.com）
排 版 杭州中大图文设计有限公司
印 刷 杭州余杭人民印刷有限公司
开 本 710mm×1000mm 1/16
印 张 10.75
字 数 180 千
版 印 次 2009 年 6 月第 1 版 2009 年 6 月第 1 次印刷
书 号 ISBN 978-7-308-06833-8
定 价 25.00 元

浙江大学出版社发行部邮购电话 （0571）88925591